中国生物质能产业发展报告

（2014）

王仲颖　任东明　秦世平　著

中国环境出版社·北京

图书在版编目 (CIP) 数据

中国生物质能产业发展报告 .2014/ 王仲颖等著 . —北京：中国环境出版社，2014.12

ISBN 978-7-5111-2156-1

Ⅰ. ①中…　Ⅱ. ①王…　Ⅲ. ①生物能源—产业发展—研究报告—中国—2014
Ⅳ. ① F426.2

中国版本图书馆 CIP 数据核字（2014）第 292029 号

出 版 人　王新程
责任编辑　高　峰
责任校对　扣志红
封面设计　彭　杉

出版发行　中国环境出版社
（100062　北京市东城区广渠门内大街 16 号）
网　　址：http: //www.cesp.com.cn
电子邮箱：bjgl@cesp.com.cn
联系电话：010-67112765 编辑管理部
发行热线：010-67125803　010-67113405（传真）
印　　刷　北京中科印刷有限公司
经　　销　各地新华书店
版　　次　2014 年 12 月第 1 版
印　　次　2014 年 12 月第 1 次印刷
开　　本　787 × 1092　1/16
印　　张　6.5
字　　数　65 千字
定　　价　28.00 元

前　言

我国幅员辽阔，生物质能利用历史悠久，自 2005 年颁布《可再生能源法》以来，现代化利用的生物质能技术进步明显，产业体系逐步完善，应用规模不断扩大。但与同时期起步的风能、光伏发电等产业相比，到目前为止我国尚未形成完整的生物质能利用产业，生物质能不仅在全国能源消费中的比重很低，在很多生物质能资源丰富地区的比重也不高。总之，我国生物质能在替代煤炭消费、减少环境污染、增加农村地区收入方面的潜力还远远没有得到挖掘。与已经商业化的风电和光伏发电相比，我国生物质能发展较慢的主要原因，一是由于我国人均耕地面积较少，生物质能原料主要来自于工农业生产和生活产生的废弃物和剩余物，原料保障不确定性因素较多，原料供应不稳定；二是生物质能原料分散，农林剩余物原料供应则具有较强的季节性，导致原料收集成本高企；三是分散的原料导致单个生物质能项目规模较小，融入化石能源供应的传统市场存在一定的障碍；四是生物质能利用具有较好的外部效益，但在目前的能源价格形成机制中无法体现，项目盈利较差，难以引起商业资本的关注；五是长期以来生物质能利用主要解决农村居民用能问题，具有强烈的公益色彩，主要依靠财政资金支持发展，市场化程度较低。综上，我国生物质能产业市场化还有较长的路要走，未来我国生物质能的规模化发展也需要有较大的耐心。

但是，从全球范围看，美国大力发展玉米乙醇、巴西大力发展甘蔗乙醇，欧洲优先发展生物质能热电联产并规模化推广生物质成型颗粒，这表明，生物质能已成为这些国家能源发展的重要组成部分。对我国这样面临经济发展与生态环境保护双重挑战及正在启动的快速城镇化的发展中大国而言，发展生物质能产业在我国具有特殊的意义。首先，我国生物质能的原料主要来自剩余物和废弃物，处理剩余物和废弃物具有刚性需求，也是未来我国城镇化发展过程中必须要解决的一个问题；其次，生物质能是唯一可以提供我国最为短缺的液体燃料的可再生能源种类，有较大的优先发展价值；再次，生物质能产业的发展可为农民提供大量的就业岗位和现金收入，这是增加农民收入的一个现实选择。因此，无论从能源生产和消费革命的角度，还是从加快农村地区经济社会发展及在城镇化过程中注重环境保护的角度看，未来我国生物质能产业必将获得从中央到地方各级政府的大力支持，成为极具活力的战略性新兴产业，并得到商业资本的青睐，形成新的经济增长点。

为了更好地描述我国生物质能产业发展现状，引导和促进生物质能产业的健康发展，受国家能源局新能源和可再生能源司委托，我们从2013年开始编制“中国生物质能产业年度报告”，在梳理每年生物质能产业发展形势基础上，分析当年该产业关注的生物质能利用技术及政策要求。相对2013年生物质产业年度报告，本报告更新了国家相关主管部门确认的统计数据资料，并新增了“生物质能在能源体系中的地位与作用”，在“政策简介”章节中增加了对重要政策的解读等内容。

本书的编撰得到国家能源局的具体指导，以及农业部、林业部、财政部、国家环保局相关司局的大力支持。本书编写过程中，水电水利规划设计总院、农业部规划设计研究院提供了大量详细的生物并网发电及农业剩余物资源统计数据。在此一并表示诚挚的感谢！

本书编写大纲及全书统稿由王仲颖、任东明、秦世平完成。本书生物质能在能源系统的地位与作用、生物能资源以及相关政策等部分单独成章，其余按生物质能产品成章，分为生物质发电、沼气（含生物质燃气）、生物质成型燃料及生物液体燃料等章节。各章节的撰稿人分别为，第一章（秦世平、刘坚），第二章（任东明、高虎），第三章（秦世平、窦克军），第四章（胡润青、雷岩鹏），第五章（陶冶、窦克军）。第六章（时璟丽、雷岩鹏），第七章（谢旭轩、窦克军）。

本书编写的主要目的是客观地描述我国生物质产业发展的现状，同时，结合笔者对生物质能产业的理解，对产业发展趋势进行简要的分析。希望本书的出版能够帮助从事生物质能生产的企业管理层，以及从事生物质能技术研发的科研院校人员，从宏观的角度了解生物质能产业发展的现状和形势，从而减少企业发展方向和技术研发方向确定过程中的盲目性。本报告为我们第二次编制的生物质产业年度报告，报告的编制处于不断完善的过程中，现有报告难免存在疏漏和错误，希望读者随时向我们提出批评指正，我们将不胜感激！

编者

2014 年

目　录

表目录

图目录

1 生物质能在能源体系中的地位与作用

1.1 生物质能源利用具有优先性

中国是一个有着13亿人口的国家，社会经济发展模式与其他国家有着较大的区别，生物质能产业的发展同样如此，根据国情，我国生物质能的利用具有特殊的意义，产业发展所带来的环境效益和社会效益在一定程度上已经超越了能源利用的范畴，具有明显的优先性。

1.1.1 刚性需求

囿于人口和耕地面积，我国生物质能的原料的主要来源为剩余物和废弃物，主要有农作物秸秆和农产品加工剩余物、林业生产和木材加工剩余物、城市生活垃圾和生活污水、工业有机废渣和有机废水。如果没有节能减排的需求，可以不利用太阳能、风能，但不能不处理以废弃物为主的生物质能。采用先进的能源化处理手段利用生物质能，相对秸秆和垃圾的露天直接焚烧处理方式，是采取了更为合理和高效的处理方式。生物质的能源化利用是我国处理剩余物和废弃物的重要手段，具有刚性需求，必须优先发展。

1.1.2 替代液体燃料的需求

我国是一个能源资源较为短缺的国家，尤其是液体燃料供应不足，目前石油对外依存度已经超过60%。在众多可再生能源和新能源中，生物质能源是唯一能直接生产液体燃料的可再生能源品种。从改善我国能源结构、增加稀缺能源品种供应的角度考虑，发展生物质能源产业应该优先。

1.1.3 新农村建设的需要

生物质能资源一般分布于农村地区，一方面，生物质能的开发利用需要大量农民参与，因此可以显著增加农民收入，实现工业反哺农业。这对于解决农村富余劳动力就业，带动相关产业和第三产业的发展，繁荣县域经济具有非常重要的作用。另一方面，农林生物质剩余物的能源化利用可改善农村居住环境，杜绝剩余物的就地焚烧改善大气质量。“三农”问题是关系到我国社会稳定的问题，而生物质能的大规模利用将为解决“三农”问题提供极大的帮助，理应优先发展。

1.1.4 电力调峰的需求

可再生能源中风能和太阳能资源储量巨大，但资源可控性差，需要采取技术手段或化石能源为其提供调峰服务，而生物质能可以在收、储、运、能源转换等各个环节进行人工干预和精确控制，不仅无须为其配置调峰服务，还可以增加系统的调峰能力。生物质能利用将有效促进可再生能源与化石能源的融合，对打造多元化的清洁能源体系有着极其重要的意义。目前我国风电和光伏发电的装机容量已经居世界首位，但同时也对电网的调峰带来了巨大的压力，风电的平均弃风率已经超过10%，因此生物质发电具有的调峰能力显得尤为重要。

1.2　生物质能资源决定产业规模

我国生物质能产业受到耕地短缺的制约，主要以各类剩余物和废弃物为原料，利用规模上限约为5亿t标准煤，约占2013年全国能源消费总量的1/7。

2013年，我国能源消费总量为37.6亿t标准煤，其中生物质能利用量约3 300万t标准煤，仅占能源消费总量的0.9%。同年，我国发电总量为5.34万亿kW·h，其中生物质发电量为420亿kW·h，仅占发电总量的0.8%。

1.2.1　现有生物质能资源量

根据生物质能“十二五”发展规划，目前可以能源化利用的生物质资源总量为4.6亿t标准煤，其中，农林剩余物1.7亿t；养殖场畜禽粪便0.28亿t；生活垃圾和污水0.12亿t；工业有机废水和废渣0.2亿t。表1数据显示，生物质资源主要是在生产、生活中所产生的各类剩余物和废弃物。

表1　我国生物质能源利用潜力

资源种类	实物量/万t	折合标煤量/万t
农作物秸秆	34 000	17 000
农产品加工剩余物	6 000	3 000
林业木质剩余物	35 000	20 000
畜禽粪便	84 000	2 800

资源种类	实物量 / 万 t	折合标煤量 / 万 t
城市生活垃圾	7 500	1 200
有机废水	435 000	1 600
有机废渣	95 000	400
合　计	—	46 000

1.2.2 种植生物质能源潜力有限

我国现有耕地面积不足 19 亿亩[①]，人均耕地面积世界排名在 100 名以外，为了保障中国粮食安全，生物质能产业发展将长期坚持“不与人争粮，不与粮争地”的准则，无法像巴西、美国那样使用需要大量耕地方能获得的甘蔗、玉米作为生物质能源的原料。

我国边际土地资源尚未有权威的统计数据，但各类研究表明，受水土保持、生物多样性保护的制约，以及气候条件的影响，可以作为能源作物种植的土地资源潜力约为 800 万 ~1 200 万 hm^2，约为全国现有耕地面积的 10%。现有耕地是中国光、热、水、土条件最好，管理最为精心的土地，年产生物总量 12 亿 ~14 亿 t，约折合 6 亿 t 标准煤。按此计算，即使所有边际土地全部用于生物质能源种植，生物总量单产达到现有耕地水平，也仅能提供约 6 000 万 t 标准煤的资源。

1.3 生物质能产业极具潜力

由于受到资源总量的限制，我国生物质能在能源结构中所占比例最高不超过 10%，但由于我国能源消费总量大，生物质资源可利用的绝对量可以达到亿吨标准煤的规模，完全可以支

①1 公顷 =15 亩。

撑生物质能发展成为战略性新兴产业。

1.3.1 绝对量比较

2011 年，全世界一次能源消费总量超过 5 亿 t 标准煤的国家仅有中国、美国、俄罗斯、印度和日本 5 个国家。换言之，我国生物质能资源量超过了全世界 90% 以上国家的能源消费总量，足以支撑一个巨大的产业。如我国河南省是粮食产量最高的省份，每年产生的农作物秸秆约为 5 000 万 t，折合 2 500 万 t 标准煤，仅此一项，相当于丹麦能源消费总量的 50%。

1.3.2 相对量比较

我国生物质能源利用占能源消费总量比例与先进国家的差距较大，但是由于我国能源消费总量较大，因此生物质能的比例虽然较低，但利用总量并不低，表 2 数据显示，丹麦生物质发电比例居世界首位，丹麦生物质发电比例达到 12%，年发电量为 40 亿 kW · h，是仅次于风电的清洁能源供应来源；德国生物质发电比例达到 6.3%，发电量达到 403 亿 kW · h；而我国的生物质发电量虽然仅占全社会发电总量的 1%，但生物质发电量已达 510 亿 kW · h，高于德国的生物质发电量，10 倍于丹麦生物质发电量，也是我国海南省用电量（230 亿 kW · h）的 180%。

表 2 生物质发电量比较

国 别	丹麦（2011 年）	德国（2011 年）	中国（2013 年）
生物质发电量比例 /%	12	6.3	0.97
发电总量 / 亿 kW · h	334	6 400	52 451
生物质发电量 / 亿 kW · h	40.1	403.2	510.0

1.3.3 能源协同效应显著

我国生物质能利用具有极其明显的环境效益和社会效益，当我国生物质能利用产业的规模达到替代1亿t化石能源时，每年可消纳利用2亿t生产、生活过程中产生的剩余物和废弃物，并转化为可再生的清洁能源，为保护环境作出巨大贡献；2亿t生物质原料即使全部用于生产附加值最低的成型燃料，年产值也将达4 000亿元人民币（包括相关产业收入）；农林剩余物的收、储、运主要由农民完成，2亿t原料的收、储、运将为当地农民增加约200万个工作岗位；将为当地农民增加收入约500亿~600亿元，相当于2005年农业税总额的两倍（2006年1月1日，我国正式取消征收了上千年的农业税，2005年农业税总额为242亿元）。

1.4 生物质能产业发展趋势

1.4.1 国际生物质产业发展趋势

截至2013年年底，生物质能约占全球一次能源消费的10.2%；全球生物质发电装机容量已达8 800万kW[①]，较2012年增长了6%；在欧洲，沼气应用发展成为可再生能源的主要利用方式之一，2011年欧洲的沼气总产量相当于1 551万t标准煤；全球的生物质成型燃料年产量已达2 360万t，比2012年增加了5%；生物液体燃料已占全球道路交通燃料的3%。

国际经验表明，削减化石能源消费，提高可再生能源应用

① Renewables 2013 Global Status Report，REN21。

比例，是解决目前日益严重的生态破坏和环境污染问题的重要措施，发达国家均将生物质能的发展放在优先发展的地位。

1.4.2 我国生物质能产业发展趋势

我国生物质能产业发展迅速，截至2013年年底，商品化生物质能利用总量为2 340万t标准煤，占能源消费总量的0.8%。其中生物质发电510亿kW·h，折合1 630万t标准煤；成型燃料产量600万t，折合300万t标准煤，商品化沼气利用21亿m^3，折合150万t标准煤；液体燃料总产量230万t，折合260万t标准煤。

目前，我国促进生物质能产业发展的相关政策体系日益完善，生物质发电电价政策执行情况良好；液体燃料补贴已经开始下降，标志着液体燃料产业在激励政策的促进下逐步实现完全的市场化。随着进一步深化改革，加快城镇化建设和大气污染治理问题得到了足够的重视，国务院相继发布了《国家城镇化规划》和《大气污染防治行动计划》等文件，给生物质能利用产业创造了良好的发展机遇。可以预见，未来我国生物质能产业发展将进入一个全新的发展时期，将呈现以下总体发展趋势：

（1）生物质能源将进一步融入化石能源体系，化石能源体系为生物质能提供服务和保障，必将由“恩赐”变为“义务”和“责任”。

（2）目前生物质发电一枝独秀的现状必将改变，单纯的生物质发电将受到一定的限制，最终形成生物质热电联产、成型燃料、生物质燃气、液体燃料多元化发展的局面。

（3）近期将以生物质热电联产、生物质供热、垃圾处理等为优先发展技术，生物液体燃料和生物化工将会在远期得到快速发展。

2 生物质能利用总体情况

2.1 资源现状

生物质能源资源种类繁多，主要包括农作物秸秆及农产品加工剩余物、林木采伐及森林抚育剩余物、木材加工剩余物、畜禽养殖剩余物、城市生活垃圾和生活污水、工业有机废弃物和高浓度有机废水等。根据现有生物质能利用技术状况和生物质资源用途等情况估算①，目前我国可再生能源利用的生物质资源总量每年约4.6亿t标准煤。

近些年我国主要农作物产量、种植结构、秸秆用途等基本不变的状况，预计未来几年我国农业剩余物资源产生量和可能源化利用量不会有显著变化。未来我国森林面积仍将呈增长态势，同时，天然林禁伐面积也将持续增大，林业剩余物工业化收集基础薄弱，工业应用需求逐年增加，预计未来一段时期，林业剩余物资源生产量会有一定增长，但可能源化利用量的增长有限。随着我国居民生活水平提高，食物结构逐步优化，肉、蛋、奶消费上升，畜牧养殖量将不断扩大；同时，由于养殖成本、管理技术以及农产品出口需求，以散养为主养殖方式逐步向规模化养殖转变，规模化养殖比例持续上升，未来我国畜禽

---

①《生物质能发展“十二五”规划》，国家能源局，2012年7月。

粪便产生量和可能源化利用量都将持续增长。当前环保部门对废水、废渣排放治理日趋严格，但随着国内轻重工业产业规模不断扩大，预计废水、废渣总量仍将持续增长。

2.1.1 农业剩余物

根据《中国统计年鉴 2012》，我国农作物秸秆理论资源量约为 7.2 亿 t，约折 3.6 亿 t 标准煤，主要分布在华北平原、长江中下游平原、东北平原等 13 个粮食主产省（区）。目前，作为肥料、饲料、造纸等用途共计每年约 3.8 亿 t，可供能源化利用的秸秆资源量每年约 3.4 亿 t。主要来源和用途如图 1 和图 2 所示。

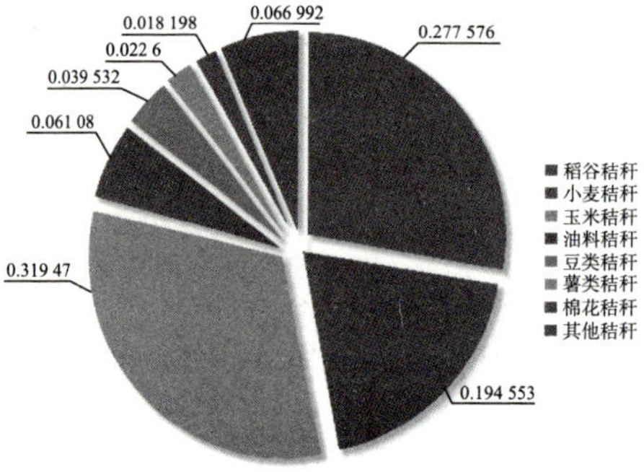

图 1　全国农作物秸秆构成比例

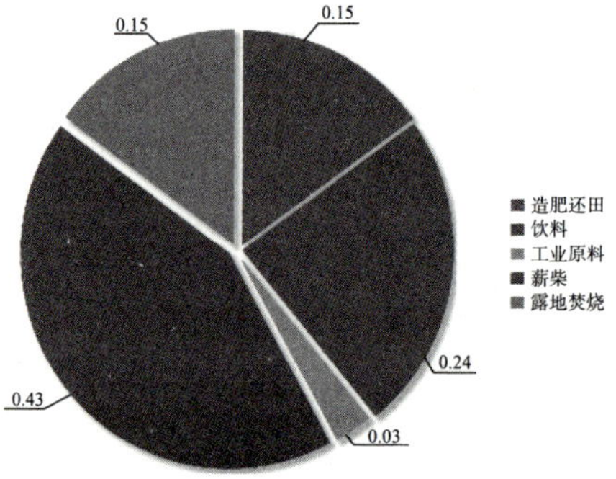

图 2　全国农作物秸秆主要用途

2.1.2 林业剩余物

全国现有林地面积约 3 亿 hm^2，现有森林面积约 2 亿 hm^2，森林蓄积 137 亿 m^3，天然林面积 1.2 亿 hm^2，天然林蓄积 114.02 亿 m^3，人工林保存面积 6 000 万 hm^3，蓄积 19.6 亿 hm^3，林木生物质资源潜力约 180 亿 t。①可供能源化利用的主要是薪炭林、林业“三剩物”、木材加工剩余物等，现有林木资源可

① 第七次全国森林资源清查主要结果。

用作木质能源的潜力每年约 3.5 亿 t，目前相当部分的林木剩余物已被利用，主要是用作农民炊事燃料或复合木材制造业等工业原料，若全部开发利用可替代 2 亿 t 标准煤。

2.1.3 畜禽粪便

畜禽粪便主要来自圈养的牛、猪和鸡三类畜禽。根据不同月龄的牛、猪和鸡的日排粪量以及存栏数和粪便收集系数，估计粪便实物量为 13.4 亿 t，规模化畜禽养殖场粪便资源每年约 8.4 亿 t，按照平均每吨畜禽粪便发酵产沼气 $50m^3$ 计，生产沼气的潜力约为 400 亿 m^3，约折 2 800 万 t 标准煤。

2.1.4 生活垃圾

2012 年，我国垃圾清运量约 1.6 亿 t，其中 50% 可作为焚烧发电的燃料或垃圾填埋气发电的原料，可替代 1 200 万 t 标准煤。随着城镇化的加速发展，城市化率不断提高，城市人口数量将持续增加，城镇生活垃圾产生量也将持续增加。

2.1.5 废水废渣

工业有机废弃物主要来自农副产品加工工业，其中以谷类磨制、屠宰、酿酒、发酵等行业为主。2012 年我国工业有机废水总量约 45 亿 t，可生产 280 亿 m^3 沼气，相当于 2 000 万 t 标准煤。

2.2 相关政策概览

自 2006 年《可再生能源法》生效以来，我国建立了由法律法规、发展规划和行业扶持政策措施构成的较为完整的生物质能源政策框架，特别是采取了强制收购、产品补贴、税收优惠和费用分摊等一系列经济激励政策，基本涵盖了生物质发电、沼气、成型燃料和生物液体燃料等各个领域，有力地促进了生物质能产业的全面发展。

根据当前生物质能产业的发展方向，正在筹备开展的生物质能产业政策研究包括：研究制定生物质供热相关标准；研究生物质能供热指导意见；开展相关生物质能供热示范项目计划等。生物质能相关政策如表 3 所示。

2.3 产业总体现状

自 2006 年以来，随着《可再生能源法》的颁布，我国陆续出台了促进可再生能源发展的电价、税收、补贴以及费用分摊等优惠政策。在各项政策支持下，“十一五”和“十二五”时期我国生物质能多元化利用取得较大进展，生物质发电、液体燃料、燃气、成型燃料等多种利用方式并举，技术不断进步，呈现出规模化发展的良好势头。

2013 年，我国生物质能受资源和布局等因素影响，产业规模增长速度有所放缓。生物质发电总装机容量约 850 万 kW，较上年增长 6%，与近三年年增长逾百万千瓦装机容量相比，明显降低；生物质成型燃料产量约 600 万 t，与上年规模基本持平；我国农业废弃物沼气工程继续稳步增长，约有 10 万处，主要以中小型沼气工程为主，沼气用户达 4 300 万户；生物燃料乙醇产量约 210 万 t，较上年产量小幅增长，生物柴油进展相对缓慢，年产量保持在约 50 万 t。截至 2013 年年底，我国各类生物质能利用规模共约 3 300 万 t 标准煤，约占全国能源消费总量的 0.88%（见表 4）。

表 3 生物质能相关政策

	发文单位	文件名称	文号	开始实施日期	主要内容
电价政策	国家发改委	《可再生能源发电价格和费用分摊管理试行办法》	发改价格［2006］7 号	2006 年 1 月 1 日	生物质发电上网电价： 各省脱硫燃煤机组标杆电价 + 补贴电价 0.25 元 /（kW·h）
	国家发改委、国家电监会	《关于 2007 年 1–9 月可再生能源电价附加补贴和配额交易方案的通知》	发改价格［2008］640 号	2007 年 1 月 1 日至 2010 年 6 月 30 日	秸秆直燃发电电价： 各省脱硫燃煤标杆电价 +0.35 元 /（KW·h）
	国家发改委	《关于完善农林生物质发电价格政策的通知》	发改价格［2010］1579 号	2010 年 7 月 1 日	农林生物质发电：统一执行标杆上网电价 0.75 元 /（kW·h）
	国家发改委	关于完善垃圾焚烧发电价格政策的通知	发改价格［2012］801 号	2012 年 4 月 1 日	以生活垃圾为原料的垃圾焚烧发电项目：执行全国统一标杆电价 0.65 元 /（kW·h）
税收优惠	国家税务总局	《资源综合利用企业所得税优惠目录》	财税［2008］117 号	2008 年 1 月 1 日	生物质发电因资源综合利用可享受收入减计 10% 的所得税优惠
	财政部、国家税务总局	《关于资源综合利用及其他产品增值税政策的通知》	财税［2008］156 号	2008 年 7 月 1 日	生物质发电项目：享受增值税即征即退政策
	国家发改委	《可再生能源发电价格和费用分摊管理试行办法》	发改价格［2006］7 号	2006 年 1 月 1 日	生物质发电上网电价： 各省脱硫燃煤机组标杆电价 + 补贴电价 0.25 元 /（kW·h）
	国务院办公厅	《关于加快推进农作物秸秆综合利用的意见》	国办发［2008］105 号	2008 年 9 月 9 日	大力推进生物质能利用等产业化发展，力争 2015 年秸秆综合利用率超过 80%，对包括能源化利用项目在内的秸秆综合利用享受增值税即征即退和所得税优惠政策

发文单位	文件名称	文号	开始实施日期	主要内容
财政部	《秸秆能源化利用补助资金管理暂行办法》	财建［2008］735 号	2008 年 10 月 30 日	支持对象为从事秸秆成型燃料、秸秆气化、秸秆干馏（产品包括成型燃料、燃气、焦炭、碳粉、焦油）等秸秆能源化生产的企业
国家经贸委、国家计委、财政部、国家税务总局、公安部、国家工商行政管理总局、国家质监总局、国家环保总局	《车用乙醇汽油使用试点方案》和《车用乙醇汽油使用试点工作实施细则》	国经贸技术［2002］174 号	2002 年 6 月 30 日	在河南省郑州、洛阳、南阳和黑龙江省哈尔滨、肇东等 5 个城市开展了为期一年的车用乙醇汽油使用试点工作
国家发展和改革委等 8 部委	《关于印发〈车用乙醇汽油扩大试点方案〉和〈车用乙醇汽油扩大试点工作实施细则〉的通知》	发改工业［2004］230 号		在全国 9 省推广使用乙醇含量为 10% 的车用乙醇汽油，明确燃料乙醇结算方式
财政部	《财政部关于燃料乙醇补贴政策的通知》	财建［2005］437、893 号		生产和销售变性燃料乙醇（按规定减免税费后）发生的亏损，依据保本微利的原则，由中央财政给予定额补贴
财政部、国家税务总局	《关于变性燃料乙醇定点生产企业有关税收政策问题的通知》	财税［2005］174 号	2005 年 12 月 14 日	燃料乙醇生产企业免征 5% 的消费税，增值税实行先征后退
财政部、国家发展改革委、农业部、国家税务总局和国家林业局	《关于发展生物能源和生物化工财税扶持政策的实施意见》	财建［2006］702 号	2006 年 9 月 30 日	明确财税扶持政策的内容包括实施弹性亏损补贴、原料基地补助、示范补助和税收优惠

发文单位	文件名称	文号	开始实施日期	主要内容
财政部	出台了《生物能源和生物化工原料基地补助资金管理暂行办法》	财建［2007］435号	2007年9月20日	林业原料基地补助标准为200元/亩，农业原料基地补助标准原则上核定为180元/亩
财政部　国家税务总局	《关于调整变性燃料乙醇定点生产企业税收政策的通知》	财税［2011］102号	2011年10月1日	增值税先征后退政策自2011年10月1日起，以粮食为原料生产用于调配车用乙醇汽油的变性燃料乙醇恢复征收消费税
财政部	《关于组织申报生物能源和生物化工原料基地补助资金的通知》	财建便函［2011］68号	2011年10月11日	明确了原料基地补助资金的申请条件，其中对原料生产品种及基地建设规模给出了具体规定
财政部　国家税务总局	《关于调整完善资源综合利用产品及劳务增值税政策的通知》	财税［2011］115号	2011年1月1日	对农林剩余物资源综合利用产品增值税政策进行调整完善，明确对以废弃的动物油、植物油为原料生产的饲料级混合油实行增值税即征即退100%的政策
财政部	《关于调整生物燃料乙醇财政补助政策的通知》	财建［2011］1159号	2012年1月1日	2012年度生物燃料乙醇财政补助标准调整为：以粮食为原料的燃料乙醇，补助标准为500元/t；以木薯等非粮作物为原料的燃料乙醇，补助标准为750元/t

表 4　我国各类生物质能利用规模

利用方式	利用规模	年产能量	折标煤
	数量	数量	万 t/a
生物质发电	850 万 kW	510 亿 kW·h	1 630
户用沼气	4 300 万户	137 亿 m^3	980
沼气工程	100 000 处	21 亿 m^3	150
成型燃料	600 万 t		300
燃料乙醇	180 万 t		190
生物柴油	50 万 t		70
总 计			3 320

3 政策简介

3.1 政策回顾（2013年前）

3.1.1 政策法规

《可再生能源法》确立了可再生能源在我国经济和社会可持续发展中的重要地位，规定了可再生能源资源勘察、发展规划、技术研发、产业发展、投资、价格和税收等方面的政策和要求，明确了政府、企业和用户在可再生能源开发利用中的责任和义务，提出了总量目标、强制上网、分类电价、费用分摊、专项资金等基本制度及信贷优惠和税收优惠等政策要求。

按照《可再生能源法》的要求，国家相关部门陆续出台了一系列配套政策和实施细则，如可再生能源发电管理规定、价格和费用分摊管理办法，产业发展指导目录、专项资金管理办法、相关应用技术规范，以及一系列税收优惠政策，并且颁布了涵盖生物质能的可再生能源发展中长期及“十一五”“十二五”等规划，形成了较为完整的生物质能源政策体系。

3.1.2　发展规划

按照《可再生能源法》的要求，我国已陆续颁布了《可再生能源中长期发展规划》《可再生能源发展“十二五”规划》《生物质能发展“十二五”规划》《生物产业发展“十二五”规划》等相关规划，明确了我国生物质能发展的战略目标、重点任务和发展布局。各级地方政府也出台了可再生能源发展相关规划，根据自身发展情况制定了不同层面的生物质能源开发利用目标和实施方案，同时制定了符合当地资源、市场、经济发展水平等实际情况的生物质能源发展规划。

3.1.3　生物质发电

生物质发电是生物质能利用的重点方向。根据《可再生能源发电有关管理规定》（发改能源［2006］13号），生物质能发电包括农林废弃物直接燃烧和气化发电、垃圾焚烧和垃圾填埋气发电、沼气发电等。其上网电价由价格主管部门根据不同类型可再生能源发电的特点和各地情况，按照有利于促进可再生能源开发利用和经济合理的原则确定。

根据生物质发电行业现状，特别是利用秸秆等原料的农林生物质发电企业的实际情况，生物质发电的上网电价、电价补贴和税收优惠政策进行了多次调整，从最初的固定补贴政策，逐步过渡到目前的固定电价政策。

（1）起步阶段

2006年国家发展改革委发布了《可再生能源发电价格和费

用分摊管理试行办法》（发改价格［2006］7号），生物质发电上网电价标准由各省（自治区、直辖市）2005年脱硫燃煤机组标杆上网电价加补贴电价组成，补贴电价标准为0.25元/（kW·h）。生物质能发电项目自投产之日起，15年内享受补贴电价；运行满15年后，取消补贴电价。自2010年起，每年新批准和核准建设发电项目补贴电价比上一年新批准和核准建设项目的补贴电价递减2%。发电消耗热量中常规能源超过20%的混燃发电项目，视为常规能源发电项目，执行当地燃煤电厂的标杆电价，不享受补贴电价。在生物质发电产业发展初期，0.25元/（kW·h）的电价补贴政策有效地启动了该行业的发展。

（2）初期阶段

随着农林生物质发电项目启动，原料价格上涨、投资高企、运行稳定性差等问题逐步显现，导致当时的生物质直燃发电项目得到0.25元/（kW·h）的补贴后仍然亏损。2008年3月，国家发展改革委、国家电监会公布了《关于2007年1—9月可再生能源电价附加补贴和配额交易方案的通知》（发改价格［2008］640号），对纳入补贴范围内的秸秆直燃发电项目按上网电量给予临时电价补贴，补贴标准为0.1元/（kW·h），使生物质发电项目的电价补贴增至0.35元/（kW·h），进一步增加了生物质发电企业的信心，产业规模年增长率近30%。

（3）稳步阶段

随着产业规模的扩大，生物质发电企业在设备制造、项目建设、运行维护等方面有了较大的提升，生物质发电成本基本稳定。2010年7月8日，国家发改委出台了《关于完善农林生物质发电价格政策的通知》（发改价格［2010］1579号），决定对农林生物质发电项目实行固定电价政策。对未采用招标确定投资人的新建农林生物质发电项目，统一执行标杆上网电价0.75元/（kW·h）（含税）。通过招标确定投资人的生物质发电项目，上网电价按中标确定的价格执行，但不得高于全国农林生物质发电标杆上网电价。已核准的农林生物质发电项目（招标项目除外），上网电价低于上述标准的，上调至0.75元/（kW·h）；高于上述标准的国家核准的生物质发电项目仍执行原电价标准。以上政策自2010年7月1日起实行至今。

3.1.4 沼气

沼气作为农村清洁能源，长期获得财政补贴。沼气补贴主要用于农村户用沼气池、大中型沼气工程和技术服务体系的建设。2003年农业部发布《农村沼气建设国债项目管理办法（试行）》（农计发［2003］33号）以来，我国农村沼气发展建设进入新阶段，投资规模和支持领域不断拓展。

近年来，国家逐步加大了对农村沼气建设的支持力度，提高了对沼气服务网点的补助标准。2012年国家发改委和农业部联合发布《关于进一步加强农村沼气建设的意见》（发改农经［2012］589号），要求全面提升沼气产业建设水平。截至2012年年底，我国累计投入320亿元支持发展农村沼气建设，有力的支持政策使广大农民生活用能条件得到极大改善。

为贯彻落实《可再生能源法》，加快农村可再生能源开发利用步伐，优化农村能源结构，推进农村能源清洁化和现代化，改善农民生产生活条件，“十一五”期间，国家能源局、财政部和农业部共同组织实施了绿色能源示范县建设。“十二五”期间，绿色能源示范县建设取得了显著成效。在绿色能源示范县建设中，充分利用畜禽粪便资源建设沼气集中供气工程是重点支持方向，中央财政绿色能源示范县建设专项补助资金共支持了 96 个大型沼气集中供气工程。

3.1.5 成型燃料

成型燃料的扶持政策主要是针对秸秆能源化利用的补贴政策。

2008 年 7 月，国务院办公厅印发了《关于加快推进农作物秸秆综合利用的意见》(国办发 [2008] 105 号)，大力推进生物质能利用等产业化发展，力争到 2015 年基本形成秸秆综合利用产业化格局，秸秆综合利用率超过 80%，对包括能源化利用项目在内的秸秆综合利用享受增值税即征即退和所得税优惠政策。

2008 年，财政部印发《秸秆能源化利用补助资金管理暂行办法》(财建 [2008] 735 号)，支持对象为从事秸秆成型燃料、秸秆气化、秸秆干馏（产品包括成型燃料、燃气、焦炭、碳粉、焦油）等秸秆能源化生产的企业。补助资金主要采取综合性补助方式，补助标准为 140 元 /t（秸秆原料）。从 2009 年开始，共发放了三次补贴，补贴资金总额已超过 5 亿元。此项政策大大促进了秸秆能源化利用产业的发展，到 2012 年生物质成型燃料年产量已达 600 万 t，年消耗万吨以上秸秆原料的企业总产量达到 200 万 t。

3.1.6 生物液体燃料

（1）燃料乙醇

“十五”和“十一五”期间，我国开始实施陈化粮燃料乙醇产业支持政策，鼓励生物液体燃料的生产和车用乙醇汽油的应用，包括生产税收优惠和产品补贴、政府指导销售价格、原料生产基地补贴等。

1）生产应用推广政策：2004 年 2 月，国家发展和改革委员会等 8 部委联合发布了《关于印发〈车用乙醇汽油扩大试点方案〉和〈车用乙醇汽油扩大试点工作实施细则〉的通知》（发改工业［2004］230 号），指定中国石油天然气集团公司和中国石油化工集团公司收购燃料乙醇并调配乙醇汽油，在黑龙江、吉林、辽宁、河南、安徽五省及河北、山东、江苏、湖北四省的 27 个地市开展车用乙醇汽油扩大试点工作，推广使用乙醇含量为 10% 的车用乙醇汽油。

2）收购和销售价格：《关于印发〈车用乙醇汽油扩大试点方案〉和〈车用乙醇汽油扩大试点工作实施细则〉的通知》（发改工业［2004］230 号）还规定了变性燃料乙醇结算价格按同期公布 90 号汽油出厂价（供军队和国家储备）乘以价格折合系数 0.911 1。2011 年，根据《国家发展和改革委员会办公厅关于调整变性燃料乙醇结算价格的通知》，调整了变性燃料乙醇结算价格，即按国家发改委同期公布的供军队和国家储备用的 93 号汽油供应价格乘以价格折合系数 0.911 1，此结算价格自 2011 年 3

月 1 日起执行；车用乙醇汽油的零售价格按同标号普通汽油零售中准价格执行。

3）税收优惠政策：按照《财政部、国家税务总局关于变性燃料乙醇定点生产企业有关税收政策问题的通知》（财税[2005] 174 号）和《财政部、国家税务总局关于安徽丰原燃料酒精有限公司享受变性燃料乙醇税收优惠政策的通知》（财税[2008] 51 号），燃料乙醇生产企业免征 5% 的消费税，增值税实行先征后退，所使用的陈化粮享受陈化粮补贴政策。随着非粮燃料乙醇发展方向的明确，相关税收优惠政策也制定了逐步取消的实施方案（专栏 1）。

专栏 1

燃料乙醇优惠政策

2011 年，财政部、国家税务总局联合下发了《财政部、国家税务总局关于调整变性燃料乙醇定点生产企业税收政策的通知》，调整了上述政策。按照该通知，以粮食为原料生产用于调配车用乙醇汽油的变性燃料乙醇，实行增值税先征后退政策。其中，2011 年 10 月 1 日至 12 月 31 日退税比例为 80%，2012 年退税比例为 60%，2013 年退税比例为 40%，2014 年退税比例为 20%，自 2015 年 1 月 1 日起，取消增值税先征后退政策。自 2011 年 10 月 1 日起，以粮食为原料生产用于调配车用乙醇汽油的变性燃料乙醇恢复征收消费税，税率为 5%。其中 2011 年 10 月 1 日至 12 月 31 日减按 1% 征收，2012 年减按 2% 征收，2013 年减按 3% 征收，2014 年减按 4% 征收，自 2015 年 1 月 1 日起，按 5% 征收。上述政策自 2011 年 10 月 1 日起施行。

4）补贴政策：执行上述价格和税收优惠政策后，变性燃料乙醇生产和变性燃料乙醇在调配、销售过程中发生的亏损实行定额补贴。据不完全统计，国家给予燃料乙醇试点企业的亏损补贴总额已超过100亿元。

2011年，根据燃料乙醇产业发展状况，国家开始逐步降低对陈化粮燃料乙醇的补贴。2011年3月以前，国家对核准的燃料乙醇产品根据生产成本和市场情况给予不同水平的定额补贴，约为1 500~2 500元/t，2011年3月后，燃料乙醇补贴降至400~500元/t。燃料乙醇补贴政策的调整，表明了我国已经开始限制玉米等陈化粮燃料乙醇的生产规模，并逐步向发展非粮燃料乙醇方向转变。

（2）生物柴油

1）市场应用：《可再生能源法》以法律形式明确规定石油销售企业应将符合国家标准的生物柴油纳入其销售体系，国家和有关地方近几年不断出台相关政策和相关标准，优化市场应用环境。目前国家公布的标准有《柴油机燃料调和用生物柴油（BD100）》和《生物柴油调和燃料（B5）》等；云南省等部分地方政府制定了专门的促进生物柴油应用的政策措施，包括餐厨垃圾资源化利用指导意见、强制性地方标准《生物柴油调和燃料（B10）》和《生物柴油调和燃料（B20）》等。但从全国生物柴油产业整体发展看，生物柴油难以进入化石柴油的销售体系仍然是制约产业发展的重要因素。

2）税收和补贴：税收政策方面，国内生产生物柴油增值税享受100%先征后返的优惠政策，同时对利用废弃动物油和植物油为原料生产的纯生物柴油免征消费税。目前财政对生物柴油生产的补贴渠道主要有生物能源和生物化工非粮引导奖励资金、生物能源和生物化工非粮原料补助资金。

2006年9月，财政部、国家发展改革委、农业部、国家税务总局和国家林业局联合发布了《关于发展生物能源和生物化工财税扶持政策的实施意见》（财建［2006］702号），明确提出重点推进生物燃料乙醇、生物柴油、生物化工新产品等生物石油替代品的发展，在不与粮争地的原则下，鼓励利用秸秆、树枝等农林废弃物，利用薯类、甜高粱等非粮农作物和小桐子、黄连木等木本油料树种为原料加工生产生物能源，鼓励开发利用盐碱地、荒山和荒地等未利用土地建设生物能源原料基地。生物能源和生物化工财税扶持政策的内容包括实施弹性亏损补贴、原料基地补助、示范补助和税收优惠。

2007年9月，财政部出台了《生物能源和生物化工原料基地补助资金管理暂行办法》（财建［2007］435号），提出了生物能源和生物化工原料基地（以下简称原料基地）是指为生物能源和生物化工定点和示范企业提供农业作物原料与林业原料的基地，明确了林业原料基地补助标准为200元/亩，农业原料基地补助标准原则上核定为180元/亩，具体标准将根据盐碱地、沙荒地等不同类型土地核定。

2011年10月10日，财政部发布了《关于组织申报生物能源和生物化工原料基地补助资金的通知》（财建便函［2011］68号），明确了原料基地补助资金的申请条件，其中对原料生产品种及基地建设规模给出了具体规定。原料生产品种包括小桐子、文冠果、黄连木、光皮树、油桐、乌桕、无患子等树种。甜高粱制乙醇，原料基地建设规模不少于12万亩；薯类制乙醇，原料基地建设规模不少于40万亩；以林木果实等为原料制生物柴油，原料基地建设规模不少于30万亩，并且具备不少于500亩的种苗繁育基地。

2011年11月21日，财政部、国家税务总局发布了《关于调整完善资源综合利用产品及劳务增值税政策的通知》（财税［2011］115号），对农林剩余物资源综合利用产品增值税政策进行调整完善，明确对以废弃的动物油、植物油为原料生产的饲料级混合油。饲料级混合油应达到《饲料级混合油》（NY/T 913—2004）规定的技术要求，生产原料中上述资源的比重不低于90%的，实行增值税即征即退100%的政策。

3.1.7 垃圾能源化利用

垃圾能源化利用，特别是垃圾焚烧发电是我国生物质能的重要方向。在不断强化垃圾资源化、无害化处理的同时，我国还制定了垃圾补贴收入、上网电价和税收优惠政策。

（1）垃圾资源化、无害化处理要求

按照《国务院办公厅关于印发“十二五”全国城镇生活垃

圾无害化处理设施建设规划的通知》（国办发［2012］23号）要求，“十二五”期间我国城市生活垃圾处理优先选择垃圾焚烧处理技术。特别是东部地区、经济发达地区和土地资源短缺、人口基数大的城市，要减少原生生活垃圾填埋量，优先采用焚烧处理技术，其他具备条件的地区，要通过区域共建共享等方式采用焚烧处理技术。到2015年，直辖市、省会城市和计划单列市生活垃圾全部实现无害化处理；省会城市生活垃圾无害化处理率达到90%以上；县城生活垃圾无害化处理率达到70%以上；城镇生活垃圾焚烧处理设施能力达到无害化处理总能力的35%以上，东部地区达到48%以上；生活垃圾无害化处理过程中选用焚烧技术的达到35%，东部地区应达到48%。

（2）电价补贴政策

《关于完善垃圾焚烧发电价格政策的通知》（发改价格［2012］801号）规定以生活垃圾为原料的垃圾焚烧发电项目，均先按其入厂垃圾处理量折算成上网电量进行结算。每吨生活垃圾折算上网电量暂定为280kW·h，并执行全国统一垃圾发电标杆电价0.65元/（kW·h）（含税）；其余上网电量执行当地同类燃煤发电机组上网电价。垃圾焚烧发电上网电价高出当地脱硫燃煤机组标杆上网电价的部分实行两级分摊。其中，当地省级电网负担0.1元/（kW·h），电网企业由此增加的购电成本通过销售电价予以疏导；其余部分纳入全国可再生能源发展基金解决。该通知自2012年4月1日起执行。2006年1月1日后核准的垃圾焚烧发电项目均按上述规定执行。当以垃圾处理量折算的上网电量低于实际上网电量的50%时，视为常规发电项目，不享受垃圾发电价格补贴；当折算上网电量高于实际上网电量的50%且低于实际上网电量时，以折算的上网电量作为垃圾发电上网电量；当折算上网电量高于实际上网电量时，以实际上网电量作为垃圾发电上网电量。从垃圾焚烧发电电价补贴政策可见，垃圾焚烧发电的电价附加资金补助额不仅取决于电厂发电量，同时还与垃圾处理量有关。

（3）垃圾处理补贴

目前我国各地垃圾处理补贴费的高低与焚烧设备的成本关系密切。成本较高的炉排炉，补贴相对较高（最高达到200元/t，出现在上海）；流化床价格相对便宜，补贴相对较低，一般为50~80元/t。

（4）税收优惠政策

2009年12月31日财政部、国家税务总局、国家发展改革委联合发布的《关于公布环境保护节能节水项目企业所得税优惠目录（试行）的通知》（财税［2009］166号）中明确将生活垃圾焚烧列入目录，自项目取得第一笔生产经营收入所属纳税年度起，第1年至第3年免征企业所得税，第4年至第6年减半征收企业所得税。《关于资源综合利用及其他产品增值税政策的通知》（财税［2008］156号）规定“对销售下列自产货物实行增值税即征即退的政策”，其中包括“以垃圾为燃料生产的电力或者热力”。其中垃圾用量占发电燃料的比重不低于80%，并且生产排放达到GB 13223—2003第1时段标准或者GB 18485—2001的有关规定。所称垃圾是指“城市生活垃圾、农作物秸秆、树皮废渣、污泥、医疗垃圾”。根据以上规定，垃圾焚烧发电项目享受所得税三免三减半、发电和供热收入增值税即征即退的优惠政策，另外垃圾补贴收入免缴营业税。

（5）垃圾处理收费

2002年6月28日，国家计委（现国家发展和改革委员会）、财政部、建设部、国家环保总局等四部委颁布了《关于实行城市生活垃圾处理收费制度促进垃圾处理产业化的通知》，但是执行效果并不理想，特别是在一些小城市和县城，垃圾处理项目招标以处理费最低价为中标条件，造成竞相压价的现象，个别垃圾焚烧发电项目的垃圾处理费仅20~30元/t。由于垃圾处理费太低，项目建设投资和运行成本被极度压缩，导致工程建设质量大幅下降，运行中污染物排放超标等后果产生，不利于垃圾焚烧发电发展。

3.2 新颁布政策

2013年，我国生物质能产业政策体系进一步完善，行业主管部门发布了专项规划、行业标准，着力推进产业改造升级。国家能源局组织开展了有关生物质能供热的政策研究，地方政府出台了推广生物燃料乙醇应用实施方案。主要相关支持政策如表5所示。

表 5　2013 年生物质能产业政策

发文时间	发文单位	文件名称	文号	开始实施日期
2013/5/29	国家林业局	《全国林业生物质能源发展规划》（2011—2020 年）	国办发［2008］105 号	
2013/6/8	国家能源局	关于下达 2013 年第一批能源领域行业标准制（修）订计划的通知	国能科技［2013］235 号	2013 年 6 月 8 日
2013/7/18	国家发展改革委	《分布式发电管理暂行办法》	发改能源［2013］1381 号	2008 年 7 月 18 日
2013/9/25	内蒙古自治区人民政府	《关于印发自治区推广使用车用乙醇汽油试点工作方案的通知》	内政办发［2013］84 号	2013 年 11 月 15 日
2013/12/2	国务院	《关于发布政府核准的投资项目目录（2013 年本）的通知》	国发［2013］47 号	2013 年 12 月 2 日
2013/12/2	国家能源局	《关于生物质发电统计监测体系工作有关要求的通知》	国能新能［2013］469 号	2013 年 12 月 2 日

3.3　新颁布政策简介

3.3.1 《全国林业生物质能源发展规划》发布

为促进林业生物质能发展，替代部分化石能源，促进能源和林业可持续发展，国家林业局依据《可再生能源法》和《可再生能源发展“十二五”规划》制定了《林业生物质能发展规划（2011—2020）》。该规划是我国首个林业生物质能源发展规划，分析了林业生物质能源发展的现状和趋势，为我国林业生物质能源产业在“十二五”期间的发展提供了指导依据。《规划》的总体目标是，到 2015 年，建成油料林、木质能源林和淀粉能源林 838 万 hm^2，林业生物质年利用量超过 1 000 万 t 标准煤，其中，生物液体燃料贡献率为 10%，生物质热利用贡献率为 90%。建成一批产业化示范基地。到 2020 年，建成能源林 1 678 万 hm^2，林业生物质年利用量超过 2 000 万 t 标准煤，其中，生物液体燃料贡献率为 30%，生物质热利用贡献率为 70%。

3.3.2 明确规范生物质成型燃料行业准入条件

国家能源局下达了 2013 年第一批能源领域行业标准修制订计划，其中涉及生物质能产业的内容包括：生物质固体成型燃料分级定等标准、生物质固体成型燃料结渣特性试验方法和生物质颗粒燃烧器技术条件。以上标准明确将进一步规范行业准入条件，同时也有助于提升生物质成型燃料产品竞争力，推广生物质能产品的使用。

3.3.3 鼓励生物质分布式发电

2013 年 8 月 13 日，国家发展改革委发布了《分布式发电管理暂行办法》（以下简称《办法》）。《办法》规定对于包括生物质能等新能源在内的分布式发电，电网企业应根据其接入方式、电量使用范围，提供高效的并网服务，以鼓励发展生物质分布式发电。

3.3.4 地方车用乙醇试点扩大

2013 年 9 月，内蒙古自治区发布了《推广使用车用乙醇汽油试点工作方案》，要求从 2013 年 11 月 15 日开始，在巴彦淖尔市、乌海市、阿拉善左旗行政区域内全封闭销售车用乙醇汽油（E93#、E97#），替代普通汽油（93#、97#），该方案已进入试运行阶段。内蒙古自治区三地市封闭销售车用乙醇，内蒙古自治区成为继安徽省、河南省、河北省、湖北省、吉林省、辽宁省、山东省、黑龙江省、广西壮族自治区后试点车用乙醇汽油的地区。该政策表明燃料乙醇的试点范围正逐步扩大，燃料乙醇的应用市场也将随之进一步扩大，地方激励政策将与国家补贴支持政策逐步形成良性互补，推动燃料乙醇产业发展。

3.3.5 燃料乙醇审批权下放

2013 年 12 月，在国务院发布的《政府核准的投资项目目录（2013 年本）》中，将燃料乙醇项目分类由“轻工烟草”调整到“能源”，该项变动进一步明晰了燃料乙醇项目归口管理单位，行业管理职责范围更加明确；同时，将燃料乙醇项目审批权下放到省，该政策调整简化了项目审批流程，有助于燃料乙醇项目建设的高效推进。

3.3.6 加强生物质发电项目监督管理

随着生物质发电产业规模不断扩大，生物质发电项目的相关信息量日益增大、行业管理难度增加，但生物质发电信息数据尚未纳入国家统计体系，在一定程度上制约了产业发展。为全面掌握生物质发电产业状况，加强对生物质发电项目建设和运营情况的监督管理，理顺产业有序发展，2013 年 12 月，国家能源局发布了《关于生物质发电统计监测体系工作有关要求的通知》，通知要求对发电量、上网电量、发电利用小时数、原料消耗量、发电标煤耗以及供热情况、成本、补贴等生物质发电项目关键运营指标和基本情况进行统计。

3.4 重要政策解读

3.4.1 《国家新型城镇化规划（2014—2020 年）》

2013 年 3 月，国务院出台了《国家新型城镇化规划（2014—2020 年）》，该规划是今后我国新型城镇化发展的纲领性文件，也是相关政策制定的依据，规划对新型城镇化发展过程中的能源供应体系建设指明了方向。可以预见，在新型城镇化过程中，中央和各级地方能源主管部门必将在《规划》的框架下出台相关的配套政策。作为生物质能产业需要特别关注的有两点。

（1）该规划的重点工程之一是“县城和重点乡镇基础设施提升工程”，如专栏 2 所示，工程的 6 项任务中有 4 项与生物质能有关，分别为污水处理、垃圾处理、燃气供热和分布式能源。值得关注的是，在燃气供热工作中明确指出，要“因地制宜发展大中型沼气、生物质燃气和地热能，县城逐步推进燃气替代生活燃煤”（考虑到大中型沼气、天然气不足），可以预见，生物质燃气和生物质供热将在 2020 年前得到爆发式的增长，各级政府也将出台配套的激励政策。

专栏2

县城和重点镇基础设施提升工程

1　公共供水

加强供水设施建设，实现县城和重点镇公共供水普及率85%以上。

2　污水处理

因地制宜建设集中污水处理厂或分散性生态处理设施，使所有县城和重点镇具备污水处理能力，实现县城污水处理率达85%左右、重点镇达70%左右。

3　垃圾处理

实现县城具备垃圾无害化处理能力，按照以城带乡模式推进重点镇垃圾无害化处理，重点建设垃圾收集、转运设施，实现重点镇垃圾收集、转运全覆盖。

4　道路交通

统筹城乡交通一体化发展，县城基本实现高等级公路连通，重点镇积极发展公共交通。

5　燃气供热

加快城镇天燃气（含煤层气等）管网、液化天然气（压缩天然气）站、集中供热等设施建设，因地制宜发展大中型沼气、生物质燃气和地热能，县城逐步推进燃气替代生活燃煤，北方地区县城和重点镇集中供热水平明显提高。

6　分布式能源

城镇建设和改造要有限采用分布式能源，资源丰富地区的城镇新能源和可再生能源消费比重要显著提高。鼓励条件适宜地区大力促进可再生能源建筑应用。

（2）我国生物质能的规模化利用最大的问题是原料收集，其根本原因是我国农业生产以家庭为单位的发展模式，原料来源极其分散，对控制原料成本以及原料供应的稳定性造成了极大的困难。

《规划》明确指出“城镇化是解决农业农村农民问题的重要途径。我国农村人口过多、农业水土资源紧缺，在城乡二元体制下，土地规模经营难以推行，传统生产方式难以改变，这是“三农”问题的根源……”。是我国中央层面首次在正式文件中将“土地规模经营”上升到“‘三农’问题根源”的高度，表明至少在2020年前，从中央到地方，各级政府将加大推进土地集约化经营的步伐，相关政策也必将逐步到位。这对生物质能源产业而言是重大利好消息，土地规模化经营将为生物质能规模化利用提供更加稳定和低成本的原料供应。

3.4.2 《大气污染防治行动计划》

2013年9月国务院印发了《大气污染防治行动计划》，提出从现在起到2017年，“经过五年努力，全国空气质量总体改善，重污染天气较大幅度减少；京津冀、长三角、珠三角等区域空气质量明显好转。力争再用五年或更长时间，逐步消除重污染天气，全国空气质量明显改善”的奋斗目标。削减燃煤、加大清洁能源和可再生的比例是《大气污染防治行动计划》提出的调增能源消费结构的主旋律。

《大气污染防治行动计划》的第一条即为全面整治燃煤小锅炉，要求到2017年，地级及以上城市基本淘汰每小时10蒸吨的燃煤锅炉，禁止新建每小时20蒸吨的燃煤锅炉；其他梯度原则上不再新建每小时10蒸吨的燃煤锅炉。同时提出要加快清洁能源替代利用，要积极有序发展水电，开发利用地热能、风能、太阳能、生物质能。

根据《大气污染防治行动计划》部署，今后几年淘汰小型燃煤锅炉是大气污染防治的重点，但是目前燃煤小锅炉数量较大、分布分散，全部采用天然气替代将受到气源不足和管网铺设滞后等因素的影响，同时天然气价格昂贵也将成为淘汰燃煤小锅炉的重大障碍。

生物质燃料具有含硫低、燃烧充分以及二氧化碳零排放等特点，而且生物质能分布广泛，易于就近利用，减少了长距离输送能耗，节能减排效果明显，加之生物质燃料锅炉的运行成本也远低于天然气。可以预料，今后五年内，以生物质锅炉替代燃煤锅炉将得到爆发性增长。

4 生物质电力

生物质资源经处理可以用于电力生产，发电过程的剩余能量还可以用于供热和制冷等资源的综合利用。目前，生物质发电技术主要包括生物质直燃发电、混燃发电、气化发电、垃圾焚烧发电，以及生物质热电联产等。

近 10 年来，我国生物质发电装机容量由 2003 年的 150 万 kW 发展到 2013 年的 850 万 kW。特别是，2005 年全国人大通过了《可再生能源法》，极大促进了生物质发电产业的发展。由于受资源条件的限制，生物质发电近两年来增幅稳定在 10% 左右。截至 2013 年年底，我国生物质发电并网装机容量约 850 万 kW（含离网发电），较 2012 年增长 6%。生物并网发电总装机容量为 780 万 kW，其中，农林生物质并网发电装机容量 420 万 kw，垃圾并网发电装机容量 340 万 kW，沼气及其他生物质并网发电总装机容量 20 万 kW（图 3）。

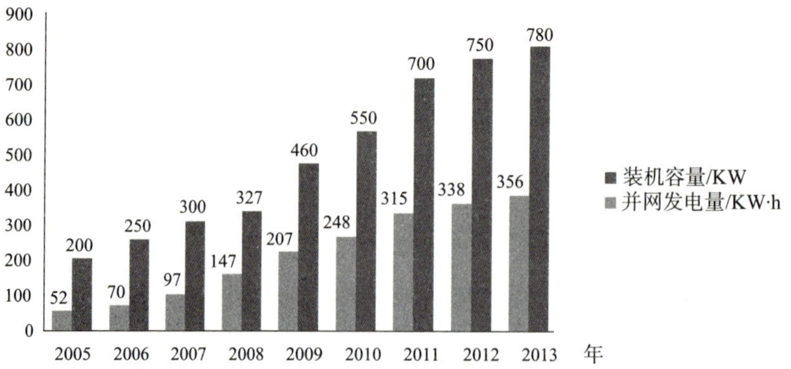

图 3　2005—2013 年生物质并网发电装机容量及并网电量

数据来源：国家可再生能源中心《中国可再生能源产业发展报告 2013》，2013 年数据为水规院可再生能源电价附加项目统计。

生物质发电产业的发展主要受原料资源限制。目前，我国生物质发电发展较好的省区主要集中在东中部生物质资源富集且经济相对发达的省份，如山东、江苏、黑龙江、河北等省区（表 6）。

表 6　生物质发电装机前 10 省

省份	发电量 / 万 kW
山东省	107.0
江苏省	72.0
黑龙江省	52.4
河北省	50.0
河南省	47.0
湖南省	38.0
湖北省	37.8
安徽省	37.3
浙江省	36.6
广东省	32.7

4.1 农林生物质发电

农林生物质发电利用技术主要包括直燃、混燃和气化发电三类。

（1）生物质直燃发电

生物质直燃发电是指全部采用生物质为原料，在生物质专用发电锅炉中燃烧，产生的蒸汽驱动蒸汽轮机，带动发电机发电的技术。生物质直燃发电是目前农林剩余物消耗量最大，并已实现规模化和产业化的农林剩余物能源化利用方式。生物质直燃发电原料主要是农作物秸秆，并使用部分林业剩余物。为确保生物质发电项目的原料供应，生物质直燃发电项目尽可能选择建在秸秆资源丰富的地区。

（2）生物质混燃发电

生物质混燃发电是指在常规燃煤发电厂的燃料中掺入一定比例的农林生物质原料，利用煤－生物质混合燃料发电的技术。生物质混燃发电技术成熟，在国际上应用十分普遍，如英国对国内所有的燃煤发电机组进行了改造；为防止生物质原料中的酸性物质对锅炉产生腐蚀等影响，通常生物质原料的比例不超过10%。我国由于缺乏有效的生物质掺混计量手段，生物质混燃发电尚无法享受生物质发电固定电价政策。目前全国仅有山东十里泉电厂一个生物质混燃发电项目，山东省政府为该项目提供了电价补贴。

（3）生物质气化发电

生物质气化发电是指采用气化技术，将生物质原料转化为可燃气体，可燃气体供燃气内燃发电机组发电的技术。生物质气化发电技术主要分为循环流化床气化发电和固定床气化发电两类，目前均处于试点示范阶段。循环流化床气化发电已建成的项目装机容量约5万kW，主要以稻壳发电为主，但是仍存在燃气净化后焦油含量偏高和灰渣处理困难等问题。固定床气化仅建成一个装机容量为0.5万kW的示范工程。

生物质混燃发电和气化发电由于技术、政策等多种因素制约，尚未形成规模，因此不再详述。本书主要介绍农林生物质直燃发电。

4.1.1 发展现状

我国生物质直燃发电起步较晚，2006年11月第一个规模化秸秆直燃发电项目建成投产，生物质直燃发电进入产业化发展阶段。近年来，国家对生物质直燃发电产业的扶持力度不断加强，通过电价补贴等方式，吸引了众多投资企业、设备制造企业以及科研院所等从事该领域的投资、生产和研发，生物质直燃发电利用规模迅速扩大。截至2013年年底，我国农林剩余物直燃发电项目并网装机容量达420万kW，占生物质发电总装机容量的50%，是当前我国农林生物质发电的主要利用方式。

（1）装机规模及分布

从2005年开始，以国家发改委批复如东、单县、晋州3个秸秆发电示范项目为序幕，在《可再生能源法》及配套政策的支持下，我国生物质直燃发电迈出实质性的步伐，装机容量逐年增加。截至2013年年底，我国农林剩余物发电项目并网装机容量达 420 万 kW，占生物质发电并网总装机容量的一半以上。2014 年各地建设农林剩余物发电项目的核准备案由国务院主管部门下放至地方，各地新建项目数量快速增加，全年新增发电并网装机容量 83 万 kW。

生物质直燃发电项目主要集中在农作物秸秆丰富的华北、华中和东北地区，装机容量约占全国生物质直燃发电装机总量的 70%。在西南地区，农作物秸秆资源相对贫乏，同时由于山区运输条件较差，收集成本较高，加之西南地区高温、潮湿的气候也不利于原料储存，因而生物质直燃发电项目较少，占全国生物质直燃装机总量不足 5%。西北地区则主要因为缺乏足够的秸秆资源，很少建设秸秆直燃发电项目。

（2）装备制造

生物质直燃发电设备主要包括原料输送系统、生物质锅炉及辅机系统、汽轮发电机系统、变配电系统、除尘和灰渣收集系统等。其中，发电机组和变配电系统与常规燃煤发电相同；除尘和灰渣收集系统早已广泛应用于其他工业生产领域，装备制造也较为成熟；原料输送系统是生物质直燃发电的专用装备，对生物质电厂的稳定运行至关重要，经过不断研发改进，现已能满足生物质直燃发电工程建设的需求；生物质发电锅炉是生物质直燃发电的核心设备。生物质直燃发电锅炉主要有水冷振动炉排炉和循环流化床锅炉两大类型，我国生物质锅炉生产制造经过了从国外引进消化吸收，再到自主研发的过程，目前这两类生物质锅炉的生产技术已基本成熟。

近年来，国内主要生物质锅炉的生产情况如下：

1）水冷振动炉排锅炉：

——引进技术产品。2005年，我国引进了丹麦BMW公司的水冷振动炉排生物质发电锅炉设计技术，由国内生产，炉排振动器等少量关键零部件直接从丹麦采购。该型锅炉采用高温高压参数，蒸汽压力为9.2MPa，温度为540℃，出力分为130t/h和48t/h两种规格，分别配置30MW和12MW的汽轮发电机组，锅炉效率约为88%~92%。我国国能生物发电有限公司已通过整体收购BWE公司的方式，完全拥有了该技术的知识产权。

——自主开发产品。在技术引进的同时，国内一批发电锅炉制造企业积极研发出了具有自主知识产权的水冷振动炉排生物质发电锅炉。国产水冷振动炉排锅炉一般为次高温次高压或者中温中压参数，分为110t/h和75t/h两种规格，分别配置25MW和12MW的汽轮发电机组。目前华光锅炉有限公司研发的11t/h次高温次高压水冷振动炉排炉产品运行良好，技术已基本成熟。

2）循环流化床锅炉：循环流化床技术是我国自主研发、完全拥有自主知识产权的生物质发电锅炉技术，锅炉参数以中温中压为主，也有少数次高温次高压产品，效率相对较低。循环流化床锅炉参数和配置一般为，蒸汽压力3.9MPa，温度450℃，出力75t/h，配置1台12MW的汽轮发电机组。该类型锅炉的主要特点是燃料适应性比较强，可以同时燃烧多种秸秆燃料。

（3）发电企业

我国农林生物质直燃发电项目开发资本排在前两位的是国

能生物发电集团公司和凯迪控股投资有限公司。截至2013年年底，国能公司已投产生物质直燃发电项目达到32个，装机容量为79万kW。凯迪公司已投产生物质直燃发电项目达到24个，装机容量为55万kW。两家企业装机容量约占我国生物质直燃发电总装机容量的40%。目前，生物质直燃发电以民企为主导，虽然国电、中节能、大唐等国有公司也在生物质发电领域建设了一批项目，但建设积极性远不及民营企业。一方面是由于农林生物质发电激励政策是促进民营企业投资生物质发电的重要因素；另一方面，民营企业十分适合农林生物质分散布局的特点，灵活运营方式也是民营资本在农林生物质发电领域快速发展的一大优势。

（4）项目经济性

目前国内生物质电厂建设成本为8 500~10 000元/kW，约为常规燃煤火电厂单位造价的两倍。近年来，虽然生物质原料价格上涨较快，给发电企业盈利带来较大压力，但是按照现行0.75元/（kW·h）的农林生物质发电固定电价补贴政策，一批管理水平较高、成本控制较好的生物质直燃发电项目已经能够实现市场化运行。

（5）项目社会效益

农林生物质直燃发电可以促进县域经济发展，为农村劳动力增加比较稳定的就业机会。如：一个25MW的生物质直燃发电项目，按年运行6 000h计，年消耗农林废弃物约22万~25万t，围绕燃料收—储—运等产业链条，每年可为当地农民创造 2 000 多个就业岗位，可直接增加当地农民收入 4 000 万元。全国生物质直燃发电项目每年可为农民增收约 55 亿元，增加近 30 万个就业岗位，为我国农村地区经济发展做出了巨大贡献。

一个 25MW 的生物质直燃发电项目，每年可减排二氧化碳约 10 万 t。全国生物质直燃发电项目每年减少二氧化碳排放近 1 400 万 t，减少二氧化硫排放约 12 万 t，对减少温室气体、应对气候变化具有重要作用。同时，生物质直燃发电产业的发展还可解决目前存在的秸秆在田间直接焚烧问题，是减少资源浪费，缓解空气污染，推动生态文明建设的有效手段。

4.1.2 相关政策和实施效果

近年来，我国生物质发电产业的快速发展主要得益于国家政策的大力支持。在生物质发电激励政策的推动下，我国的生物质发电装机规模逐年递增，生物质能源在可再生能源中的比重不断增加，涌现出了一批行业骨干企业，创造了大量就业机会，在产生良好经济效益的同时，还取得了巨大的社会效益和环境效益。

自 2006 年起，国家在生物质发电的项目管理、产业布局、上网电价、税收优惠等方面颁布实施了一系列相关激励政策，取得了良好效果。

目前我国政府对农林生物质发电产业的优惠政策已基本到位，下一步将主要是针对前期开发建设中出现的问题，出台各种管理办法、实施细则、技术规范等，以规范项目的开发建设，加强管理，保障已有各项优惠政策措施的落实。我国已颁布的生物质发电政策中适用于以农林生物质发电的主要内容有：

（1）项目管理政策

我国生物质发电项目的管理政策包括：项目核准、项目布局和年度计划审核三部分。

1）项目核准：根据《可再生能源发电有关管理规定》（发改能源［2006］13号），可再生能源发电项目实行中央和地方分级管理。国家发展和改革委员会负责全国可再生能源发电项目的规划、政策制定和需国家核准或审批项目的管理。省级人民政府能源主管部门负责本辖区内属地方权限范围内的可再生能源发电项目的管理工作。农林生物质发电项目由各省（市、区）自行核准。

2）项目布局：国家发改委出台了《关于生物质发电项目建设管理的通知》（发改能源［2010］1803号），规定生物质发电厂应布置在粮食主产区秸秆资源丰富的地区，且每个县或100km半径范围内不得重复布置生物质发电厂。

3）年度计划审核：在上网、电价、税收等优惠政策相继到位后，投资商积极性高涨，开始出现一哄而上建设生物质发电项目的现象。由于缺乏管理经验、规划等前期论证工作深度不够，生物质发电面临燃料供应不足、价格上涨压力大、发电成本难以控制等问题，影响了生物质发电的推广。为了控制生物质发电项目无序布局，避免燃料恶性竞争，促进生物质发电的健康发展，国家能源局于2011年3月发布了《关于农林生物质发电项目建设年度计划审核有关要求的通知》，该通知规定各地必须制定拟建项目年度工作计划，报国家能源局审核同意后核准建设。对自行核准的项目，将不予纳入国家可再生能源基金补贴范围。

该政策明确了国家和地方管理部门对生物质发电项目的管理职责，规范了项目管理程序，提出了项目建设布局要求，理顺了生物质发电产业的发展思路，解决了生物质发电项目缺乏统筹管理、无序建设的问题，有效抑制了资源恶性竞争的现象。

（2）发电上网政策

为鼓励包括生物质直燃发电等可再生能源电力上网，国家颁布了《电网企业全额收购可再生能源电量监管办法》（国家电力监管委员会［2007］25号），明确了电网企业需全额收购生物质发电企业的电量。

1）上网电价：上网电价是影响生物质直燃发电项目经济效益最重要的一项因素。近年来，国家根据生物质直燃发电项目的建设运营情况，对生物质直燃发电项目的上网电价政策进行了适时调整和完善。不同阶段上网电价政策如下。

2006年，根据《可再生能源发电价格和费用分摊管理试行办法》（发改能源［2006］7号），生物质发电项目上网电价标准由各省（自治区、直辖市）2005年脱硫燃煤机组标杆上网电价加补贴电价组成，补贴标准为0.25元/（kW·h）。2007年，考虑到投产项目亏损情况较为严重，国家加大了电价补贴力度。

根据《关于2007年1—9月可再生能源电价附加补贴和配额交易方案的通知》(发改价格［2008］640号)，对纳入补贴范围内的秸秆直燃发电亏损项目按上网电量给予临时电价补贴，补贴标准为0.1元/(kW·h)。

随着产业规模的扩大，生物质发电在设备制造、项目建设、运行维护等方面的水平均获得了较大的提升，生物质发电的成本基本稳定。2010年7月，国家发展改革委出台了《关于完善农林生物质发电价格政策的通知》(发改能源［2010］1579号)，规定对未采用招标确定投资人的新建农林生物质发电项目，统一执行标杆上网电价0.75元/(kW·h)(含税)。

上述生物质直燃发电上网电价政策，将生物质发电的外部效益货币化，使发电企业逐步实现赢利，增强了生物质直燃发电的市场竞争力、推动了生物质直燃发电企业的可持续发展。

2)可再生能源基金：为了促进可再生能源的开发利用，根据《中华人民共和国可再生能源法》有关规定，2011年年初，财政部、国家发展改革委、国家能源局共同制定了《可再生能源发展基金征收使用管理暂行办法》(财综［2011］115号)。该办法明确了全国可再生能源发展基金的资金筹集、使用管理和监督检查等具体措施，将国家财政公共预算安排的专项资金和依法向电力用户征收的可再生能源电价附加收入纳入全国可再生能源发展基金。

基于可再生能源法和可再生能源基金征收使用管理的新要求，财政部、国家发展改革委、国家能源局联合发布了《可再生能源电价附加补助资金管理暂行办法》（财建［2012］102号），国家能源局发布了《可再生能源电价附加资金补助项目审核确认管理暂行办法的通知》（国能新能［2012］78号），对可再生能源电价附加补助项目的确认、补助标准、资金申请拨付管理，以及补助项目的审核程序、内容等进行了明确规定，2013年9月，可再生能源电力附加费进行了第五次调整，确定为1.5分/（kW·h），当年拨付的全国可再生能源电价附加补助资金共计240.32亿元，其中拨付给生物质能项目资金79.3亿元，占总拨付资金的33%。

该政策的出台，有效缓解了生物质发电项目运营资金紧张的局面，改善了生物质发电项目建设、管理和运行状况，有力地推进了生物质发电产业健康发展。

（3）税收政策

生物质直燃发电产业不仅在项目管理和发电上网方面得到了有力的政策支持，在税收方面同样得到政策优惠，具体优惠政策如下。

1）增值税：《关于资源综合利用及其他产品增值税政策的通知》中规定对销售下列自产货物实行增值税即征即退的政策，规定以垃圾为燃料生产的电力或者热力的项目可以享受该优惠政策。通知明确了所指的垃圾，“是指城市生活垃圾、农作物秸秆、树皮废渣、污泥、医疗垃圾。”因此，农林剩余物生物质发电企业可以享受增值税即征即退优惠政策。

2）所得税：根据《中华人民共和国企业所得税法实施条

例》（国务院令第512号），企业以《资源综合利用企业所得税优惠目录》（简称《目录》）中所列资源为主要原材料，生产符合国家或行业相关标准的产品取得的销售收入，在计算应纳税所得额时，减按90%计入当年收入总额。

生物质发电项目符合该政策所指的“利用农作物秸秆及壳皮生产电力、热力和燃气”的规定，所以可以享受此所得税优惠政策。

税收优惠政策有效地带动了企业投资生物质直燃发电项目的积极性，是推动生物质直燃发电产业快速发展有效手段。

4.1.3 存在的问题

（1）部分生物质发电厂布局不合理

我国生物质资源总体分布不均，省际差异较大。虽然国家能源局已出台布局范围相关文件（100km范围），但执行不严格。同一省份内不同县市的农林剩余物资源种类、收获时间、储存和运输条件差异也十分大。在有些地区，由于缺乏根据原料情况科学规划农林生物质发电项目布局，导致部分生物质直燃发电对秸秆等原料的需求与秸秆还田、肥料、饲料及工业原料等其他行业产生竞争，甚至出现不同生物质发电项目间争购原料的现象，导致原料收购价格高企，影响了项目经济效益（见图4）。

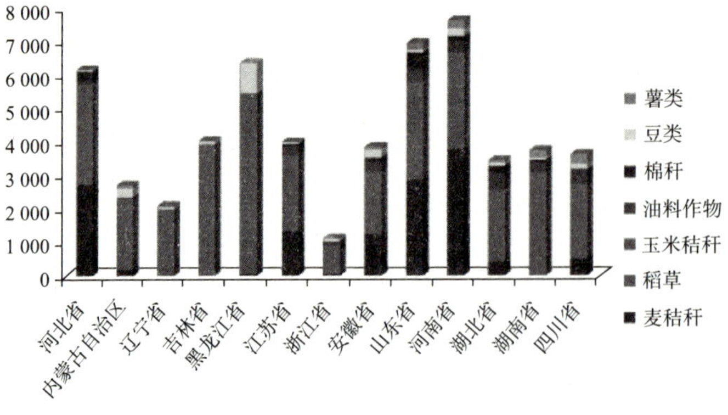

图4　粮食主产省农作物秸秆资源情况

随着农林生物质电厂建设审批权的下放，地方之间建设农林生物质电厂缺乏统一规划的现象进一步加剧，一定程度上加重了布局不合理的现象。当地生物质资源无法满足发电厂原料需求，必将在区域范围内造成原料恶性竞争的局面，一方面增加了企业运行成本，另一方面由于原料供应困难，不利于电厂的稳定运行。

（2）实现“十二五”发展目标有一定难度

根据《可再生能源发展“十二五”规划》，到2015年，我国生物质发电总装机容量达到1 300万kW，年发电量达到780亿kW·h。截至2013年年底，我国生物质发电装机容量仅为419.5万kW，加上城市垃圾发电总装机容量340万kW，合计为760万kW，仅完成规划目标的58%，实现“十二五”规划制定的目标仍有一定难度。

难以完成规划目标最根本的原因是农林剩余物发电项目的原料收集、储存、运输难度大，普遍存在项目因原料供应困难造成开工不足的现象，除个别企业外，行业平均年负荷率不足

5 000h，项目经济效益较差，投资商对此类项目投资热情较差，导致行业发展缓慢。未来新建项目将在生物质资源相对较差的地区建设，原料供应将更加困难，投资建设热情将进一步降低，也是导致产业规模扩张速度放缓的重要原因。

造成原料收集困难的原因主要有两方面：一是由于农林生物质资源高度分散、季节性强，目前的收集方式主要依靠传统的收集方式，缺乏大规模的高效原料收运机械，收运效率低、成本高，在农村劳动力大量进城的形势下，原料收集的劳动力严重缺乏，导致原料价格高企，甚至“断粮”。二是在农业生物质资源相对集中、收集供应体系相对成熟的地区，不仅已经建成生物质能项目，而且建成的项目过于密集，造成各项目争抢原料，导致原料价格上涨。

4.1.4 发展趋势

（1）单纯生物质发电将受到更多限制，生物质热电联产将受鼓励

目前，我国农林剩余物生物质发电产业消纳了约 1 200 万 t 农林剩余物，但农林生物质发电大多以纯发电为主，能源转换效率不足 30%，产品单一、项目经济效益较差，这就限制了我国生物质发电规模的进一步扩大。

从国外的生物质利用经验看，生物质热电联产方式的能源转化效率将达到 60%~80%，比单纯发电提高一倍以上。可以预见，我国政府将会出台相关政策鼓励生物质热电联产项目的建设和运行，使生物质直燃发电产业的资源、经济、生态和社会

等综合效益充分显现。因此，生物质热电联产是我国近中期生物质发电的主要发展方向之一，而单纯的生物质发电将受到一定的限制。

（2）因地制宜开展生物质分布式发电

针对小型生物质发电项目，适宜在需求侧建立分布式的发电方式，所发电量首先满足用户自用，然后按照就近接入原则，将多余电量送入配电网。生物质分布式发电将充分利用生物质资源分散、就地利用的特点，发挥分布式发电的优势，是解决生物质燃料分散、收集和储运难度较大、成本较高的重要途径，是缓解生物质规模化发展所带来的资源收储运压力的重要措施。因此，选择生物质资源聚集度相对较高、整体开发较好的县市，发展安全、高效的生物质分布式发电示范项目，将是农林生物质发电未来的可行发展方向。

（3）因地制宜开展生物质资源综合梯级利用

随着生物质直燃发电技术进步和投资成本降低，其规模还将继续扩大。但是，直燃发电未能充分发挥农林废弃物等生物质资源的优势特点，能源转化效率较低。除直燃发电外，生物质资源还可转化为生物质液体燃料、生物炼制化工产品等更为高效的能源化和资源化产品。生物质资源、根据不同转化条件和技术，进行梯级综合开发利用，可以实现能源转化的最大效益。因此，未来农林生物质资源将转向能够深度开发、用途多样、具有高附加值的生物质产品生产。生物质直燃发电将根据当地资源禀赋条件，采取高效能源转化的方式，维持在一定的合理规模。

4.2 垃圾发电

垃圾能源化利用是指采用能够回收垃圾中生物质能的方式，处理城乡生活垃圾。能源化利用的主要技术有两大类：垃圾焚烧发电、垃圾填埋气发电。垃圾焚烧发电具有占地面积小、处理量大、无害化程度高特点，是我国目前大力推广的清洁能源产业。

垃圾焚烧发电将燃烧值较高的垃圾放在焚烧炉中高温焚烧产生的热能，由此生产的高温蒸气推动涡轮转动，带动发电机产生电能。经过几十年的发展，垃圾焚烧技术应用广泛，已经比较成熟，目前主流技术为往复式炉排燃烧技术和循环流化床技术。

4.2.1 发展现状

（1）产业规模

城镇垃圾的处理是维持城市正常运行的基本需求，随着经济的发展，城市周边用地日趋减少，占地面积巨大的生活垃圾填埋场选址将越来越困难。此外，垃圾填埋场可能造成对地下水源的污染问题也越来越受到关注。与此同时，随着我国城市化水平的提高，城市数量和规模不断扩大，城镇垃圾生产量和堆积量逐年增加，年增长率约 10%。据粗略统计，目前全国生活垃圾清运量 1.56 亿 t，如何处理这些城镇垃圾成为许多城市面临的紧迫问题。

我国地级以上的城市超过 600 个，目前建有垃圾焚烧发电厂的不到 40%。随着新型城镇化和新农村建设的深入开展，全国还有 2 000 多个县和县级市，以及超过 3 万个乡镇，都是垃圾焚烧发电的潜在市场。可以认为，相对巨大的市场需求而言，当前垃圾焚烧发电产业才刚刚起步。

截至2013年年底，全国城市垃圾发电并网装机容量340万kW，其中，当年新增并网装机容量118万kW。2013年，我国垃圾焚烧并网发电累计装机容量约占全国生物质并网发电总装机容量的44%，较上年增长了7个百分点，已经成为我国生物质发电产业的重要组成部分。

目前，我国的垃圾发电项目主要集中在经济较为发达的省份，华东和华中地区的垃圾发电并网装机容量约占全国垃圾发电并网装机容量的77%。随着垃圾焚烧发电在中东部的成功推广应用以及公众对垃圾发电的理性认识逐步增强，垃圾发电将继续在全国范围内快速发展。

除了垃圾焚烧发电外，在部分垃圾填埋场建设了利用垃圾填埋气发电项目，具有投资小、成本低、效益较好的特点。由于填埋气发电装机小、发电量少，其装机容量仅占垃圾发电总装机容量约4%。

（2）产业分布

垃圾焚烧发电产业的分布具有明显的区域特点，经济发达地区的累计垃圾发电项目总装机容量远远大于经济欠发达地区和落后地区。

主要原因是垃圾焚烧发电项目投资较大，采用循环流化床技术，垃圾焚烧发电项目的单位投资为25万~30万元/（t垃圾/d），而采用炉排炉技术的垃圾焚烧发电项目投资则高达40万元（t垃圾/d）。以一个100万人口规模的城市为例，每天生活垃圾生成量约 1 000t（人均日产垃圾约 1kg），如采用国产炉排式垃圾焚烧炉，建设垃圾焚烧发电厂需投资约 4 亿元，而且每年需支付高额的垃圾处理费，目前国内一线城市的垃圾处理费平均为 150~200 元 /t，二线城市平均水平约 80~120 元 /t，三线城市及县城平均水平在 50~80 元 /t。虽然垃圾处理厂大都采用 BOT 方式，项目建设无需当地政府投资，但高额的垃圾处理费需要当地政府按月支付，以焚烧发电方式处理垃圾的城市一般位于中东部财政资金充裕的地区，西部经济欠发达地区主要采用垃圾填埋的方式处理，填埋的费用一般在 30 元 /t 以下。

目前，垃圾发电累计装机容量占全国比例最高的四个地区分别为江苏省、广东省、浙江省和山东省，而国内生产总值最高的四个地区分别为广东省、江苏省、山东省和浙江省。可见垃圾发电项目的建设与地区经济的发展有着密切的相关性。

（3）技术及装备制造

垃圾焚烧发电的关键设备为垃圾焚烧锅炉，目前我国城市生活垃圾发电厂采用的垃圾焚烧炉主要有两大类：一是炉排式垃圾焚烧锅炉（马丁炉），二是循环流化床垃圾焚烧锅炉，两种技术占全国垃圾焚烧发电锅炉的 90% 以上，两种技术的市场占有率基本相当。

20 世纪 70 年代我国大力研究和开发适用于劣质煤和煤矸石的循环流化床锅炉技术，该技术的理论研究和应用研究均处于国际领先水平，目前我国循环流化床垃圾焚烧发电技术和成套装备已经向外出口。炉排炉技术主要由国外引进消化吸收。目前这两种类型的垃圾焚烧炉装备已经全部实现本地化生产。

由于我国尚未实施垃圾分装制度，垃圾成分复杂，水分较高，从技术角度而言，循环流化床技术更适于我国国情。近年来，采用循环流化床垃圾焚烧技术的垃圾焚烧发电厂建设增长率已经略高于炉排炉。今后较长一段时期内，垃圾焚烧发电的主流技术仍然是炉排炉技术和循环流化床技术。

由于循环流化床技术更加适合我国国情，2012 年又消除了循环流化床垃圾焚烧发电项目获得可再生能源电价附加补贴的政策障碍，所以近几年循环流化床技术的市场占有率将逐渐超过炉排炉。此外，其他如回转窑式垃圾焚烧发电技术、垃圾气化发电技术等也将逐步完善，最终形成一个多元化的垃圾发电技术体系。

（4）市场化模式

垃圾处理是一种刚性需求，垃圾能源化处理是垃圾处理的手段之一，这种处理方式更符合资源综合利用、资源合理配置以及节能减排的要求和趋势。除少数经济实力极强的特大型城市外，目前我国垃圾处理产业的运行模式大都采用 BOT 方式，这是一种在政府财政资金支持下实施市场化运行的模式。

BOT 模式具体为，投资商出资建设垃圾焚烧发电厂，在建设前均与当地政府签署特许权经营的合同，明确规定垃圾处理量、垃圾处理费水平、垃圾处理费支付方式和时间、项目运行时间、项目移交政府的时间和项目完好率等内容。一旦项目建成，投资商及政府都将严格履行合同，项目业主有责任按时、按量处理规定的垃圾数量，而政府则对垃圾发电厂的环保措施、污染物排放情况进行监督，同时按时支付垃圾处理费。可以说，垃圾处理产业是我国采用特许权经营模式较为成功的领域，今后也将得到进一步延续。

4.2.2 电价政策和实施效果

2012年3月28日，国家发改委价格司发布了《国家发展改革委关于完善垃圾焚烧发电价格政策的通知》(发改价格[2012]801号，以下简称《通知》)。在此之前，原垃圾发电上网电价政策是“执行本省燃煤发电上网标杆电价加0.25元/(kW·h)”，但是大量采用循环流化床技术的垃圾发电厂，由于掺烧煤炭的比例和数量缺乏有效的监管手段，此政策无法落实。该《通知》彻底解决了采用循环流化床技术的垃圾焚烧发电的电价补贴问题。《通知》规定了垃圾发电不论采用何种技术，均以可严格计量的垃圾处理量为补贴计算依据，避免了原来以发电量为计算基础而无法认定垃圾发电量的问题。

《通知》明确了发电补贴额的确定方法：按入厂垃圾处理量折算成上网电量进行结算，每吨生活垃圾折算上网电量暂定为280kW·h，电价统一为0.65元/(kW·h)，其余电量执行当地燃煤发电标杆电价。当垃圾处理折算的上网电量低于实际上网电量50%时，视为常规发电项目，不享受电价补贴；当折算的上网电量高于实际上网电量50%，且低于实际上网电量时，以折算的上网电量作为垃圾发电上网电量，当折算的上网电量高于实际上网电量时，以实际上网电量作为垃圾发电上网电量(见图5)。

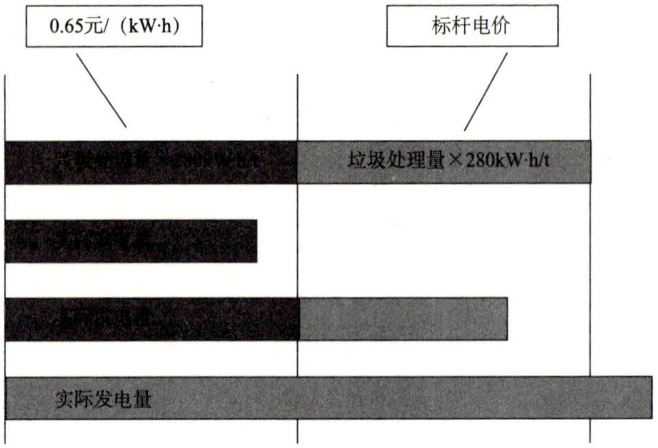

图 5　垃圾发电补贴方法

《通知》的出台消除了对我国拥有自主知识产权的循环流化床垃圾焚烧技术的补贴障碍，推动了这一具有自主知识产权技术的发展。该《通知》的另一个特点是，补贴符合中央财政资金转移支付的方向。规定了“垃圾发电电价高出当地燃煤发电标杆电价部分实行两级分摊，当地省级电网负担 0.1 元 /（kW · h），其余部分纳入全国可再生能源电价附加。”此规定使标杆电价较低的欠发达地区，可以获得较高的可再生能源电价补贴（见图 6）。

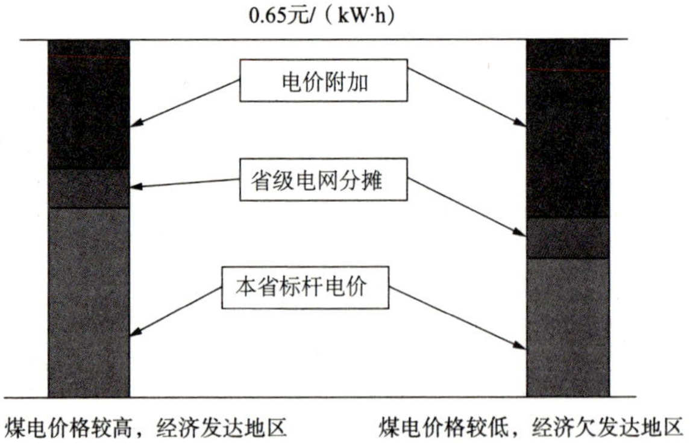

图 6　电价补贴二级分摊示意图

4.2.3 存在的问题

（1）垃圾发电厂选址困难，环保宣传不到位

垃圾焚烧发电过程中可产生二噁英，原料储运过程中有少许气味泄漏对周围环境造成一定影响。随着民众环保和健康意识的提高，对城市垃圾电站的选址建设的关注度日益增加。一方面，民众缺乏垃圾焚烧发电和二噁英等相关专业知识；另一方面，地方政府缺乏与民众深入有效的科学宣传和沟通，近期出现许多当地居民反对建设垃圾焚烧电站的事件，造成新建垃圾焚烧发电项目选址困难，一定程度上阻碍了垃圾焚烧产业的发展（见专栏 3）。

（2）排放监管体系薄弱

目前垃圾焚烧发电工程的检测技术已经比较完善，但是检测机构的数量和能力亟待加强。仍以二噁英为例，由于该物质的检测为痕量检测，检测时间长、标样种类多、价格高，检测仪器和标样都需要从国外进口，所以检测费用很高，而且无法进行在线检测。近年来，虽然具备二噁英检测能力和资质的机构增加较多，但对我国巨大的垃圾发电产业规模和发展潜力而言，仍然是杯水车薪，导致检测不到位，一些企业排放虽然不达标而得不到及时整改，少数企业的不良行为在一定程度上造成了对垃圾发电产业的误解，影响了产业的健康发展。

专栏3

二 噁 英

垃圾焚烧发电过程中可产生二噁英，随着民众环保和健康意识的提高和媒体的宣传，社会对二噁英问题的关注度日益增加，几乎家喻户晓。由于民众缺乏二噁英相关专业知识，形成了“二噁英恐惧”，一定程度上阻碍了垃圾焚烧产业的发展。

二噁英是一种化合物，极难溶于水的无味白色晶体，由炼焦、农药制造、造纸、垃圾焚烧等人类生产或生活过程中生成，到目前为止，尚未发现天然的二噁英。二噁英共有210种同分异构体，因此称为二噁英类物质，正二噁英的当量毒性相当于氰化钾的1 000倍，是目前化合物中毒性最大的物质。据研究，二噁英的自然降解约需100年。

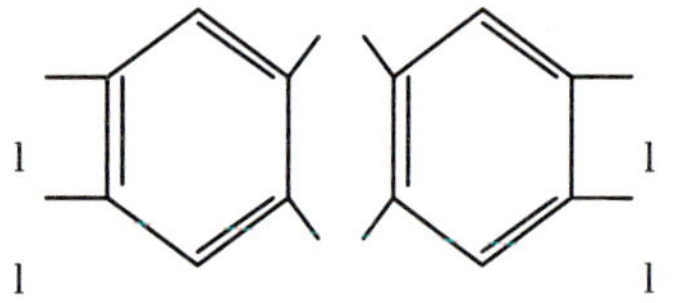

二噁英分子结构示意图

二噁英确实是一种剧毒物质，将对人体的自身免疫系统、生殖系统造成破坏，并导致癌症。因此必须严格控制二噁英的生成，并对生成的二噁英进行极为妥善的分解处理。

二噁英不是洪水猛兽，特别是对垃圾焚烧发电而言，二噁英的防治和处理有着良好的条件。从分子结构看，二噁英是一种有机化合物，有机化合物的特点是在高温下将不可避免地发生分解，二噁英类物质在800℃停留2s，可100%分解。控制垃圾焚烧炉出口温度在850℃以上，并使烟气在高温通道中停留时间超过2s，焚烧炉烟气中的二噁英将会完全分解。再通过快速降温，使烟气温度瞬间降到低于重新合成二噁英所需要的温度，并且使用碱性物质吸收烟气中的氯离子，使二噁英的重新合成成为“无本之木”，从而避免重新合成的反应发生，最后通过活性炭吸收，去除可能存在的“漏网之鱼”，使垃圾焚烧产生二噁英的可能降到最低是完全可以做到的。

垃圾焚烧发电是所有垃圾处理方式中最符合垃圾处理“减量化、无害化、资源化”原则的方式，理性地对待垃圾焚烧的二噁英问题，对垃圾焚烧项目进行严格的监管，制定完善的排放标准、检测标准，采用合理的工艺路线，才是解决二噁英问题的有效手段。

4.2.4 发展趋势

垃圾焚烧发电具有其他垃圾处理方式无法比拟的优势，今后的政策将会对该产业给予更大的支持，同时也将制定更加完善的标准和制度，加大对产业的监管力度。主要表现在制定更为切合实际的、严格的、可操作性更强的行业标准，并加大产业检测服务体系建设的财政支持。

（1）政府将持续鼓励并积极引导垃圾能源化利用产业健康发展

垃圾焚烧发电项目严格来说，并不是单纯的能源利用项目，项目主要任务是处理垃圾，而能源（电力、热力）产品只是在垃圾处理过程中获得的副产品。因此垃圾焚烧发电厂的主营收入很大一部分来自垃圾处理费。将垃圾焚烧发电项目纳入可再生能源电价附加补贴的范围，主要意义是表明中央政府对该产业持支持的态度，所以上调垃圾焚烧发电电价补贴标准的可能性不大。实践证明，在垃圾处理行业采用BOT方式建设运行垃圾焚烧发电工程是较为成功的。随着各地经济发展水平的提高，垃圾处理费的标准将会逐步提高，垃圾发电项目的经济效益因此将会得到相应的增加。未来，商业投资也将会对垃圾发电领域产生更大的投资冲动。

随着越来越多的城市建设垃圾焚烧发电工程，为保证建成项目的正常运行，目前各自为政的垃圾处理费标准将得到一定的控制和规范，国家能源、环保、城建等主管部门有可能对垃圾处理费标准进行有限干预，如制定垃圾处理费的最低标准或制定收取居民垃圾处理费的最高标准等，但是由于垃圾发电项目处理的是当地垃圾，地方政府仍将是与项目经济效益密切相关的垃圾处理费标准的最终确定者。

（2）行业监管力度逐步加大

伴随我国城市垃圾发电产业的快速发展，以及民众环保意识的快速提升，垃圾焚烧发电厂周边居民与地方政府和项目业主之间的矛盾有可能加剧甚至激化。相关主管部门在给予该产业政策支持的同时，将制定更加完善和严格的政策制度，特别是加大对产业的监管力度，制定更为切合实际的、严格的、可操作性更强的行业标准，特别是环境排放约束指标，通过不断加强产业检测服务体系建设，监管垃圾焚烧发电的各个环节均符合国家环保要求。

5 生物质气体燃料

通常生物质气体燃料即生物质燃气分为两种：一种是利用农作物秸秆、林木废弃物、食用菌渣、牛羊畜粪等有机质生物质为原料，在厌氧条件下被厌氧菌利用产生沼气，有效成分是CH_4。另一种是利用农林废弃物等生物质为原料，在高温缺氧条件下使生物质发生不完全燃烧和热解，通过热化学方法将生物质气化产生可燃气体，即生物质气化燃气，有效成分是CO、H_2等。

5.1 沼气

5.1.1 发展状况

我国沼气生产和利用最早出现在20世纪60年代，利用方式以户用沼气为主。随着户用沼气的发展，20世纪70年代出现了以禽畜粪便为原料的大中型沼气工程。近些年来，随着规模化禽畜养殖场的逐年增加以及工业企业的发展，禽畜粪便和工业废水排放量快速增加，为大中型沼气工程的发展提供了充足的原料保障。因此，近年来大中型沼气工程发展较快，截至

2013 年年底，我国沼气工程已达近 10 万处。

目前我国沼气工程主要以处理畜禽养殖场粪污为主，年产沼气约 18 亿 m^3，此类沼气工程大型项目比例较小，单项目池容在 1 000m^3 以上的沼气工程仅占沼气工程总量约 5%。此外，还有少量处理工业有机废弃物的沼气工程，年产沼气约 3 亿 m^3，以工业有机废弃物为原料的沼气工程一般规模较大，单项目规模大都在 2 000m^3 左右。河南天冠集团沼气工程以酒糟和酿造废液为原料生产沼气，规模达到日产沼气 50 万 m^3，并铺设管道作为当地生活用燃气，是我国最大的沼气项目。

2013 年，华东和华中地区的沼气工程最为集中，约占全国沼气工程的 80%，华东六省的沼气工程已超过 4 万处，华中地区的沼气工程数量也近 39 000 处，东北、华北、西北和西南的沼气工程总数仅为 2 万处。随着沼气工程技术的成熟进步，沼气工程的适宜建设范围将逐步扩大，在华北、东北等较大资源潜力地区仍有较大发展空间。

2013 年，我国农业废弃物沼气工程较 2012 年增长了 8.7%。其中，日产气量超过 5 000m^3 的特大型沼气工程 13 处，大型沼气工程数 5 814 处，中型沼气工程 10 285 处，小型沼气工程 83 512 处。图 7 是近 3 年我国农业废弃物沼气工程数量的比较。由图 7 可以看出，我国沼气工程主要以小型项目为主，多以农户自用或小规模集中供气等非赢利模式运行。

2013 年，户用沼气已达 4 300 万户。近年来，随着城镇化建设步伐加快，农村地区的沼气发展状况发生了变化，劳动力低下、规模化养殖发展速度加快，农户养殖量逐步减少，化肥使用增加，农村家庭开始接入石油液化气，便利性远好于户用沼气，因此户用沼气使用越来越少，运营维护困难加大，利用率降低。未来户用沼气的建设速度将逐步放慢，沼气池废弃量将超过增加量，保有量将逐步减少。2011—2013 年中国农业废弃物沼气工程数量见图 7。

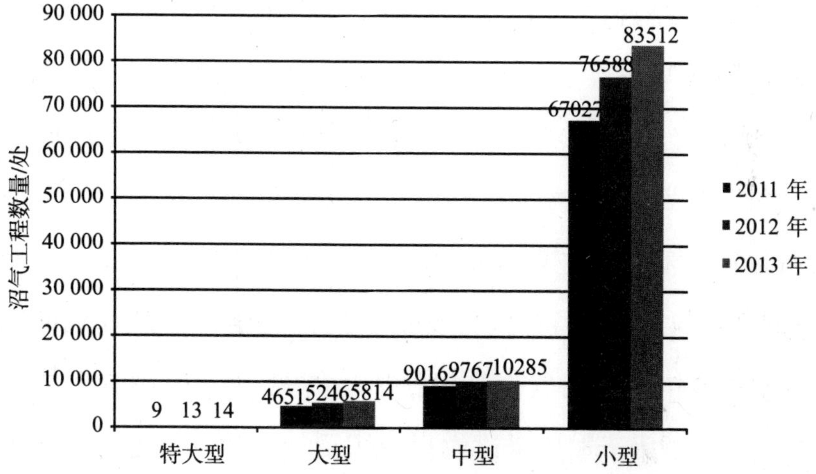

图 7　2011—2013 年中国农业废弃物沼气工程数量

我国沼气工程产业主要呈现以下特点：

（1）沼气工程以地域资源条件与技术结合发展

由于我国地域广阔，资源、气候等自然条件差异较大，导致沼气工程的分布不均。沼气工程主要集中在生物资源丰富、气候环境适宜的地区，我国的沼气工程分布总体呈由南向北、由东向西逐步减少态势，尤其是中南部地区的沼气工程的比例相对较高。其原因在于，我国中南部大部分处于亚热带地区，气温在 10℃以上的持续天数约为 220~350 天，气候环境十分适宜沼气发酵。此外，我国中南部是主要的农林产区，生物资源丰富，相应的畜禽养殖业也较为发达，为沼气工程建设创造了良好的资源条件。西部和北部地区的沼气工程数量较中南部地区明显减少。全国各省（市）沼气工程的产气量基本是由南至北呈逐步降低态势。其主要原因是，西部地区主要以山区和荒漠为主，大多不具备沼气工程的建设条件。此外，随着纬度上升，季节变化逐步明显，北部地区的冬季气温较低，最低气温达到 −40～−30℃，冬季长达数月的严寒和极端低温会严重影响沼气产气量，即使具备建设沼气工程的资源条件，增加保温设备会使投资成本大大增加。

（2）沼气激励政策效果显著

2003 年以来，国家大力支持农村沼气建设，投资规模和支持领域不断拓展。沼气作为农村清洁能源，长期获得财政补贴。沼气补贴主要用于加快推进农村户用沼气、大中型沼气工程和技术服务体系的建设。截至 2012 年年底，国家已累计投入 320 亿元，其中，2012 年用于支持沼气建设的中央财政资金为 30 亿元。

在国家政策的大力扶持下，国内规模化沼气利用技术已经取得一定进展，特大型沼气发电项目日益增多，日产沼气量超过 5 000m^3 的特大型沼气工程项目 20 余个，沼气发电单项目总装机容量最高已达到 3MW。此外，正在实施的绿色能源示范县建设工程，中央财政专项资金支持了大型沼气集中供气工程 96 个，总投资额 22 亿元，形成年处理畜禽粪便等农业废弃物达到 100 多万吨的生产能力，项目全部投入运行后，每年可减少二氧化碳排放200多万吨。

5.1.2 存在的问题

（1）装备制造技术落后

近年来，国内大中型沼气工程快速发展，而沼气工程装备制造水平的发展相对滞后，主要由于我国在沼气关键核心装备方面的技术储备不足，导致装备制造水平难以满足产业发展需要，最初发展模式多以技术引进再逐步消化吸收为主。目前，国内生产的大型沼气核心装备与国外同类产品相比仍有一定差距，特别是沼气发电机组，普遍存在效率低、故障率高等问题。此外，我国沼气压缩提纯设备与国外同类产品相比，在体积、能耗、效率等方面也存在较大差距。

（2）产业服务体系亟待提升

畜禽粪污沼气工程在设计工艺和装备制造技术等环节始终缺乏技术规范与产品标准以及产品标准检测认证服务体系，已有标准未能作为沼气工程建设的有效指导。行业标准和产业服务体系不健全造成工程质量参差不齐，建设生产能耗大、生产效率低、故障率高、配套性差，不能常年稳定运行，制约了产业的健康、持续、稳步发展；亟待提升现有行业标准的实用性，建立完善工程建设设计规范和产品检测认证服务体系。

（3）沼气产业的发展模式落后

传统农村户用沼气建设和发展模式已经不能适应新时期农村经济和城镇化发展要求，专业化、市场化的农村沼气开发利用模式亟待建立。随着社会主义新农村建设步伐的加快，农民生活水平提高，农民使用清洁、稳定、安全的高品质能源需求和意愿将不断增强，但户用沼气却存在卫生条件差、产气效率低、故障率高以及安全维护服务不到位等诸多问题，全国多数地区沼气池由于上述种种原因处于停用状态，造成资源、资金的极大浪费。

（4）沼气市场缺乏活力

经济性差严重制约了沼气工程规模化发展。目前沼气发电产业的工程初始投资仍然较大，特别是沼气生产和发电投资成本较高，装机成本 2 万 ~3 万元 /kW，养殖企业难以负担高额的资金投入。已建的沼气工程大多数不赢利，生产的沼气和电力多以自用为主，沼气工程的各类产品尚未在市场流通；中型沼气发电工程（装机容量小于兆瓦级）上网难度大、投资成本高、难以获得补贴，由此导致工程投资回收期过长。同时，我国沼气产业的市场需求仍处于较低水平，缺乏综合性的配套措施和市场导向，经济效益差，企业积极性不高，影响了沼气工程综合效益的发挥。从户用沼气来看，随着农村劳动力外出增多、商品能源普及程度提高以及散养农户逐渐减少，导致许多沼气池运行不佳甚至废弃。从养殖场沼气工程来看，由于沼气、沼渣、沼液的综合利用率不高，沼气工程运行效益差，加之养殖规模受市场影响波动较大，原料难以保证，部分沼气工程处于半停运状态。

（5）提纯沼气并入天然气管网困难

提纯后的沼气在成分和性能上与天然气完全相同，个别地区已成功地将沼气提纯后压缩后在天然气加气站销售。在国内天然气资源缺口不断增大并严重依赖进口的情况下，从技术和市场需求角度，提纯沼气并入天然气管网已经具备条件，但行业管理层面尚未形成有效的政策支持，提纯沼气进入天燃气市场的规章程序尚未建立，使得前景广阔的生物质燃气市场难以快速有效地开放，在一定程度上制约了沼气产业的发展。

5.1.3 发展趋势

（1）专项资金重点将从户用沼气转向大中型沼气工程

随着社会经济水平的不断提高和畜禽养殖逐步向集中化模式发展，沼气生产方式将逐步转向集中化、集约化、规模化的生产方式，这将有利于生产效率的提高，有利于安全运行维护和管理，全面提升沼气的产气量和供气质量，扩大沼气的使用范围。现行的沼气工程发电补贴政策尚未发挥切实引导扶持沼气发电产业发展的作用，未来的沼气专项扶持资金将逐步从户用沼气转向大中型沼气工程，推动沼气产业向市场化方向发展。沼气产业需要摆脱依赖政府支持的发展模式，充分利用市场机制发展，积极吸引社会资金和社会支持，实现沼气产业的可持续性发展。

（2）提纯沼气并入天然气管网的市场壁垒将逐步消除

随着沼气天然气检验检测标准的日益完善，沼气并入天然气管网或用于车用交通燃料的行政审核和检测标准等相关程序将逐步明细和完善，沼气应用示范项目将进一步推广，沼气应用市场将成倍扩大，沼气产业的效益也将显著提升，提纯沼气将是替代天然气的重要方式，将有效缓解天然气供应紧张局面，是未来沼气应用的重点发展方向。

（3）沼气项目商业化程度越来越高

规模化生产和利用沼气是当前国际发展的趋势，也是降低成本、提高经济效益的有效途径。在农村经济快速发展的过程中，传统单一的户用炊事供气已经不能满足农户生产生活用能的需要，高效、清洁的商品化沼气将为农户提供更完善、便捷的用能服务。未来的沼气工程将采用集中工业化处理模式、兆瓦级大型沼气工程的热电联产等方式，应用于农户炊事、采暖和供电，以及学校、医院、公共服务场馆等公共场所和设施的供热和供电。未来农村沼气将具有多种利用方式，通过集中化来实现规模化利用。随着沼气工程技术经济性的提升，沼气工程建设将更具资本吸引力，沼气应用方式从公益性向大型商业化转变。

5.2 生物质气化燃气

5.2.1 发展状况

生物质气化燃气在我国应用较为广泛，主要用于农村居民炊事、工业供热、发电等领域。在民用方面，生物质气化燃气主要是通过生物质气化站进行居民集中供气。

“十二五”期间，随着国家主管部门组织推广的绿色能源示范县建设的推进，生物质气化集中供气得到较快发展。同时，在《可再生能源“十二五”规划》中明确提出了推动生物质气化产业发展的有关内容，要求积极推动大中型生物质气化供气工程建设，实现生物质燃气商业化和产业化发展，促进生物质气化技术进步，提高设备效率和燃气品质，掌握兆瓦级内燃机组的技术和设备制造能力，完善生物质供气管网和服务体系建设等。据《农业生物质能产业发展规划（2007—2015）》，到2015年将在全国建设2 000座秸秆气化站，年产秸秆燃气7.3亿m^3。

利用生物质气化技术建设集中供气系统以满足农村居民炊事和采暖用气也已得到广泛应用，自1994年在山东省桓台县东潘村建成我国第一个生物质气化集中供气试点以来，山东、河北、辽宁、吉林、黑龙江、北京、天津等省市陆续推广应用生物质气化集中供气技术。在2000年左右，该技术的推广达到了高峰。此后相关规范和制度逐步完善，各地制定了一系列管理办法，使生物质气化集中供气应用在我国农村能源建设中稳步推进。北京市的顺义、怀柔等郊县均有推广应用，"新型生物质气化集中供气系统建设"工程是怀柔重大科技项目。截至2013年年底全国共建成秸秆热解气化集中供气站1 000余处，供气户数20.96万户，平均每个正在运行的气化站平均供气约350户。

在工业供热领域，随着全国范围内的环境污染气体排放监管力度日趋严格，一些经济发达地区纷纷提出禁止燃煤使用或开展清洁能源改造等强制措施，生物质气化燃气凭借其良好的清洁性、燃烧性和经济性，成为替代燃油和天燃气的理想替代燃料，现已逐步应用于金属冶炼、造纸等工业生产供热领域。近几年建成的生物燃气项目超过20个，主要应用于印染、制药、钢铁等行业，预计未来在工业供热领域的应用前景将更加广阔。

生物质气化燃气还应用于发电领域，利用生物质气化燃气推动燃气发电设备进行发电，故称为生物质气化发电。生物质气化发电过程主要包括三个环节：一是生物质气化，把固体生物质转化为气体燃料；二是气体净化，气化燃气都带有一定杂质，包括灰分、焦炭和焦油等，需经过净化系统除杂，以保证燃气发电设备正常运行；三是燃气发电，利用燃气内燃机进行发电，燃气发动机产生的高温烟气可增加余热锅炉产生蒸汽或者热水供居民或工业使用，也可增加蒸汽轮机，建立燃气－蒸汽联合循环发电站，提高系统总效率。目前，气化发电装机约 5 万 kW，大部分没有并网，多为粮食加工自备电厂。

5.2.2 存在的问题

（1）燃气应用激励政策不到位

目前，我国生物质气化发电已纳入国家生物质发电可再生能源发电电价附加补贴范畴，但对于非发电的生物质燃气应用，如用于工业炉 / 窑替代燃煤、天然气和燃油，减少温室气体排放的项目，尚未有政策支持。

（2）村级气化站难以实现市场化运行

现有的生物质村级气化站通常是国家和村镇作为新农村建设项目或示范项目的投资建设，不注重投资回收效益；同时，作为村镇政府的利民工程，没有按照自负盈亏的商业模式经营管理，难以吸引商业资本。气化站规模小、运行费用筹集困难，收支难以平衡。气化站操作人员不专业、无专业维护人员、无化验人员，没有建立多级参与的安全保障体系。因此，村级气化站难以实现市场化运行。

（3）生物质气化燃气标准与国家民用燃气标准有差距

现行国家标准《人工煤气》（GB/T 13612）质量要求供民用的可燃气体中 CO 含量不超过 12%，现有生物质燃气无法达到上述标准，存在极大安全隐患。

5.2.3 发展趋势

（1）相关激励政策将进一步完善

国家将继续支持生物质气化发展，未来生物质气化替代化石燃料或天然气可能纳入减排范围。国家将制定鼓励利用生物质气化燃气作为供热锅炉、工业锅炉、工业窑炉的替代燃料的相关激励政策。

（2）生物质燃气将以工业应用为主

生物质气化燃气技术日益成熟，市场需求显著增加，相关检验检测标准有待进一步建立完善，根据生物质气化原料的特有属性，制定适于生物质气化燃气排放的标准，相关检测指标应在燃煤和天然气排放标准之间，以便拓宽生物质气化燃气的应用范围，使生物质气化产业在监管、运行和政策保障方面更为规范。随着有关生物质气化燃气排放标准的建立和完善，未来在工业供热领域的应用前景将更加广阔。

（3）规模化市场化运行是未来发展方向

在大力推进节能减排、清洁能源利用的政策引导下，生物质气化在工业供热领域的开发应用显著加快，替代煤炭、化石燃油、天然气的作用和效果逐渐凸显，因此，生物质气化燃气的应用将从惠农式的村级气化站向大型的生物质气化商业化应用发展，生物质气化产品将推向清洁能源应用市场，实现生物质气化产业的可持续发展。

6 生物质成型燃料

生物质成型技术是指在一定压力作用下，将农作物秸秆等生物质原料，经干燥、粉碎后压制成具有一定形状的、密度较大的固体燃料的技术。通过成型加工，生物质成型燃料的密度可由原有的 $100 \sim 150 kg/m^3$ 压缩至 $800 \sim 1\ 300 kg/m^3$，通过成型技术，可使生物质燃料单位体积能量密度大大增加，同时也便于运输和贮存，单位体积能量密度大大增加，燃烧性能比直接燃料生物质原料明显改善，可替代化石燃料作为生产、生活用能。目前，我国生物质成型燃料技术、设备、标准及配套服务体系初步建成，生产和应用形成一定规模，初步形成完整产业链。

6.1 产业发展现状

6.1.1 产业规模和分布

我国秸秆成型燃料生产始于 2000 年，主要以制取烧烤用炭的原料，产量很小。2008 年财政部出台了补贴政策，鼓励利用秸秆资源生产成型燃料，全国生物质成型燃料市场规模迅速扩大，截至 2013 年年底生物质成型燃料的总产量已近 600 万 t，折合标煤达 300 万 t。

生物质成型燃料按外形可分为压块和颗粒两种，成型燃料外径在 15mm 以下的称为颗粒成型燃料，反之则为压块成型燃料。成型燃料按原料可分为木质和秸秆两大类，木质原料生产的成型燃料热值可达 4 000~4 200kcal/kg，秸秆类原料生产的成型燃料热值仅为 3 200~3 800kcal/kg。一般木质原料主要用于生产颗粒成型燃料，秸秆类原料主要用于生产压块成型燃料。国内现有成型设备生产企业 150 多家，主要分布在河南省、河北省、山东省等地区。

华北和华东地区为我国生物质成型燃料主产区，产量占全国总产量的 60% 以上。生物质成型燃料规模化应用市场主要集中在华东地区，广东省是我国生物质成型燃料利用量最多的省份。

目前，国内生物质成型燃料销售对象主要有以下两类：

（1）小型生物质锅炉

生物质锅炉主要为蒸汽锅炉和热水锅炉，锅炉容量一般在 4t/h 以下。目前，生物质锅炉原料的需求已达到 250 万 ~300 万 t，占生物质成型燃料销售总量的 70% 以上。

（2）生物质机制炭原料

生物质机制炭由生物质成型燃料经干馏而得，平均 3t 生物质成型燃料可生产 1t 生物质机制炭，主要应用于餐饮行业。这部分需求为 90 万 ~100 万 t，约占生物质成型燃料销售总量的 25%。同时，每年出口到日本、韩国的机制炭已超过 10 万 t。随着生活水平的提高，生物质机制炭对生物质成型燃料的需求越来越大。

6.1.2 生产厂商

目前，我国生物质成型燃料生产厂超过250家，产值近40亿元。近年来，受中央财政补贴资金后延和补贴取消的影响，一方面，大批依靠政府补贴资金的小型企业被迫倒闭；另一方面，坚持存活下来的企业不断拓展提升原料收集渠道、生产能力、生产效率、产品质量和市场份额，逐步形成一批具有一定实力的大中型成型燃料企业，市场出现通过资源和技术优势竞争的良好局面。

6.1.3 技术和装备制造

成型燃料项目的投资和技术装备要求不高。产能5 000t/a的项目一般投资约500万元。主要由土建工程、设备、辅助设备、实验设施、配套设施等部分的费用组成。其中，设备部分包括单机设备、粉碎设备、输送设备、除尘设备等。

生产生物质成型燃料的关键设备是成型机，国内均可生产。生物质燃料成型设备的种类主要有电加热螺旋成型机、液压成型机、冲压成型机、平模式辊模压块机和环模式辊模压块机等。其中，环模和平模技术的单机产能较大，一般产量可以达到1~2t/h，适合规模化生产，是国内外生物质成型燃料生产的主流技术。与其他技术相比，环模和平模压缩成型技术的初始投资较大，且对原料水分及粒度要求苛刻。螺旋压缩成型技术在我国应用最早，目前也占有较大的市场份额。螺旋压缩成型技术投资小、结构简单，适应范围大，产品密度高，质量好，一般用于生物质机制炭的原料，但该技术还存在单位产品能耗高、单机产量低以及易损件寿命短等问题。

近年来，我国生物质成型燃料成型机制造水平有了很大提高，易损件寿命达到1 000h，设备稳定性大大增加。同时，一些技术先进企业可以根据不同的原料，设计成型机关键参数，有针对性的优化生产工艺流程，生产效率显著提高。一批具有规模化生产能力的制造企业逐渐成长起来，产品已经出口到东南亚、非洲等地区。

6.2 相关政策和实施效果

2008年，国务院颁布了关于加快推进农作物秸秆综合利用的指导意见，明确了农作物秸秆综合利用的重要途径之一是能源化利用，在保证秸秆还田、饲料等农业和畜牧业需求后，鼓励将剩余的秸秆加工成商品化能源产品。同年，财政部出台了给予秸秆成型燃料生产的奖励政策。文件规定，对注册资本在1 000万元以上，年利用秸秆超过1万t的企业，按原料消耗量给予140元/t的奖励。此外，还对企业生产过程的能耗、安全、环保等方面提出了具体要求。

在相关政策的激励下，我国生物质成型燃料的经济性大为改善，具备了一定的市场竞争力，促进了产业的快速发展，取得了较为显著的成效：一是生物质成型燃料产量迅速提高，截至2013年全国生物质成型燃料总产量达到600万t，是2008年全国产量的20多倍；二是培育了一批骨干企业，在生产加工领域，依托当地生物质资源的成型燃料生产加工企业遍布各地，为全国产量的不断增加和产能进一步提升奠定了坚实基础，并已经出现了年产量超过50万t的生产企业。在设备制造领域，相关企业不断加大技术研发和产品升级改造的投入，涌现出数家产品质量和科技水平国际领先的行业龙头企业；三是促进了成型燃料应用，一批用户端企业在燃料利用设备和工艺流程的运行、改造过程中，不断提高成型燃料的利用效率，同时开拓新的应用市场。

总体来看，由于相关政策的激励，生物质成型燃料已经具备产业化雏形，生产和应用总量已经具有一定规模，装备的研发、制造体系基本形成，企业分工正在逐步细化，以提供能源服务形式商业模式——合同能源管理的理念和实践正在引入并有成为主流的发展趋势，行业标准正在逐步完善。随着各地大气污染防治力度不断加大，许多城市和局部地区禁止燃烧煤炭，促使当地选择使用成型燃料锅炉，我国生物质成型燃料的应用市场将更加广阔。

特别需要指出的是，我国生物质成型燃料产业的快速发展，给当地农村带来了丰厚的经济收益，并成为一些农户新的稳定收入来源。在生物成型燃料生产过程中，农民既可以出售原料、提供劳务，也可以投资建厂。据测算，成型燃料生产企业每消耗 1 万 t 秸秆，约可为当地农民增收 260 万元，2013 年全国成型燃料产量为 600 万 t，为农民增加了超过 15 亿元的现金收入。

6.3 存在的问题

6.3.1 生物质成型燃料未纳入清洁能源范畴

目前，我国还未将生物质成型燃料纳入清洁能源范畴，部分地区甚至禁止使用成型燃料。在越来越多的省市颁布禁煤措施的大背景下，在具体执行过程中，大多数环保措施仅规定以天然气、燃油等清洁原料代替燃煤，没有将生物质成型燃料明确作为清洁燃料，甚至将其视为和燃煤一样的污染源。因为没有独立的排放标准，有些地方政府要求生物质成型燃料锅炉执行天然气排放标准。由于存在这些误区，许多地区对使用生物质成型燃料心存疑虑，极大地限制了生物成型燃料产业的发展。

6.3.2 生物质成型燃料锅炉缺乏排放标准和检测方法标准

目前，生物质成型燃料锅炉排放标准主要参照燃煤锅炉排放标准。在一些地方政府的禁煤过程中，生物质成型燃料锅炉也被禁止。由于没有独立的排放标准，有些地方政府要求生物质成型燃料锅炉执行天然气排放标准。生物质成型燃料锅炉的排放大大低于燃煤，但是还难以达到天然气的排放标准，使大量准备使用成型燃料锅炉的企业陷入了两难的困境：一方面，我国天然气资源有限，企业使用天然气成本过高、经营困难；另一方面，由于缺乏量身定做的生物质锅炉排放标准，企业使用生物质成型燃料无法通过地方政府的考核。

6.4 发展趋势

随着城市节能减排力度加大和农村清洁能源利用水平的提高，生物质成型燃料的需求将日趋增大。未来生物质成型燃料将大规模替代化石燃料，用于城镇供热锅炉或工业生产供热，同时，也可以将生物质成型燃料气化用于城乡炊事和供暖。总体来看，生物质成型燃料在煤炭等化石资源缺乏或限制使用地区，以及农林资源富集地区具有广阔的市场空间。

6.4.1 生物质成型燃料将纳入清洁能源范畴

随着生物质成型燃料相关排放技术标准和检测认证体系的建立和完善，这将为生物质成型燃料纳入清洁能源范畴提供制度保障。行业主管部门将按照相关法律、法规和技术标准对生物质成型燃料生产利用的各个环节实施监督检验检测工作，进一步制定规范规程，加强项目管理，完善技术标准、检测和认证体系，严格市场准入制度，强化质量管理和技术监督，严格依法行政，充分发挥生物质成型燃料的优势，替代城乡燃煤的使用，促进相关产业的健康发展。

6.4.2 成型燃料锅炉排放和检测标准将出台

未来行业主管部门将通过量身定做生物质锅炉排放标准，为企业使用生物质成型燃料通过地方政府考核提供制度依据。

6.4.3 生物质成型燃料未来经济性越来越好

随着我国大气污染防治行动的深入开展，越来越多的地区将禁止燃煤等重污染化石燃料的使用。同时，通过价格、财税等措施促使化石能源成本逐步向外部化发展的趋势日趋明朗，化石燃料价格将持续增加。未来生物质成型燃料相对燃煤具备了价格竞争性。同时，由于天然气需求量增加、对外依存度提升，生物质成型燃料相对天然气也具备价格竞争优势。因此，未来生物质成型燃料的市场经济性将越来越好。

7 生物液体燃料

我国生物液体燃料产业经过近十年的发展，现已初具规模。2013年，陈化粮乙醇和车用乙醇汽油推广应用项目继续实施。四家陈化粮燃料乙醇生产项目和广西中粮木薯乙醇项目合计生产的燃料乙醇约为210万t，已在10个省封闭运行。生物柴油的产能超过300万t，生物柴油产量仅为约50万t，项目运行率不足20%。由于我国尚未形成生物柴油产业，因此，以下对生物柴油产业将不再详述。

7.1 燃料乙醇技术和经济性简介

7.1.1 技术进展

燃料乙醇技术种类较多，以玉米、小麦等淀粉类陈化粮为原料的燃料乙醇生产技术通常称作第一代燃料乙醇技术。以非粮的淀粉和糖类为原料的燃料乙醇生产技术称为第1.5代燃料乙醇技术。以纤维质类农林废弃物为原料的燃料乙醇生产技术称为第2代燃料乙醇技术。

第1代燃料乙醇技术在国内主要以玉米原料为主，生产工艺十分成熟。近年来玉米原料的价格上涨幅度较大，玉米乙醇生产成本随之上涨。就生产技术水平而言，重点是提升自动化生产水平、提高生产效率、降低生产能耗。考虑到“与人争粮、与粮争地”的问题，第1代燃料乙醇技术将随着第1.5代和第2代燃料乙醇技术的成熟，逐步退出燃料乙醇市场。

第1.5代燃料乙醇技术代表性原料是木薯和甜高粱等低淀粉和低糖类种植植物。目前木薯乙醇已具备建设大规模燃料乙醇生产装置的技术条件。该技术具有单位土地面积产量较高、生产成本相对较低、化石能源替代效益高于玉米燃料乙醇的优点，在生产技术上相对较为成熟，并在国内已经建有20万t级商业化示范项目，是第2代燃料乙醇技术规模化推广前较为理想的过渡型技术。同时，甜高粱乙醇项目也开始商业化示范，基本形成了完善的生产工艺条件，但是连续稳定生产运行还有待进一步验证。

以纤维素为原料的第2代燃料乙醇技术可通过两种技术生产：一种是利用强酸、强碱将纤维素较长的碳氢链打开，转变成低碳的糖类，再经过发酵转变成酒精，这种方式属于高耗能、高污染、高成本的发展模式，目前已经被淘汰。另外一种方式利用生物酶转化技术，但尚不成熟，成本较高，其发展仍有赖于重大技术突破和成本显著下降。

当前，发达国家投入巨资，开展相关技术、工艺研究和示范，但尚未形成规模化生产能力。我国也在积极开展相关研究，有望未来实现大规模商业化应用的突破。

7.1.2 经济性比较

燃料乙醇生产成本包括原料、辅料、生产用能、人工和设备折旧等费用。其中原料价格是导致燃料乙醇生产成本变化的最关键因素。木薯、甜高粱和玉米都属于种植作物，受种植面积、收成状况和供求关系等多种条件影响，其价格浮动区间较大。因此，燃料乙醇成本在一定区间范围内波动。通常，木薯价格为600~700元/t，甜高粱价格为200~300元/t，玉米的价格约为2 000元/t，秸秆（纤维素原料）价格在200元左右。表7是不同原料生产燃料乙醇技术的经济性比较。

表7　不同原料生产燃料乙醇技术的经济性

原料种类	原料产量/（t/hm^2）	转换率/（t乙醇/t原料）	土地生产率/（t乙醇/hm^2）	生产成本/（元/t乙醇）
木薯（鲜薯）	28	0.14	4	5 000~6 000
甜高粱（茎秆）	72	0.06	4.5	4 000~5 500
玉米	6	0.31	1.8	7 000~8 000
纤维素（稀酸水解）	—			7 500
纤维素（酶水解）	—			8 500

资料来源：国家发改委能源所资料整理。

由表7显示，经济性较好的燃料乙醇技术采用以木薯和甜高粱为原料的第1.5代技术，适于现阶段推广应用。分析生产1t乙醇的成本，甜高粱乙醇最为经济。但是由于原料供给和保障能力不足，以及生产工艺成熟度等因素，至今没有商业化示范项目实现完全达产运行。技术成熟度较高的是以玉米为原料的第 1 代燃料乙醇技术，但从生产成本来看已经不具备价格竞争优势。目前玉米市场价格在 2 000 元 /t 以上，按生产 1t 乙醇消耗 3.2t 玉米计算，1t 乙醇仅玉米成本就达 6 400 元，加上辅料等其他成本，1t 成品玉米燃料乙醇的生产成本已超过 8 000 元。以纤维素为原料的第 2 代燃料乙醇技术经济性已经接近第一代乙醇技术，具有良好的发展前景。

7.2 产业情况

我国燃料乙醇产业始于 20 世纪 90 年代，2000 年以后进入快速发展期。2006 年成为了全球第三大燃料乙醇生产国和消费国，同年在“不与人争粮、不与粮争地”的发展原则下，国家停止新建以陈化粮为原料的燃料乙醇项目，由此燃料乙醇开始向非粮原料的方向转变。

7.2.1 燃料乙醇生产状况

目前，吉林燃料乙醇有限责任公司、中粮生化能源（肇东）有限公司、河南天冠燃料乙醇有限公司和中粮生物化学（安徽省）股份有限公司成为全国仅有的四家以陈化粮作为原料生产燃料乙醇的国家定点企业，总产能为 102 万 t/a。2007 年，在广西壮族自治区建成了全球首个以木薯为原料的燃料乙醇商业化项目，该项目设计年产能 20 万 t。由于种植木薯原料的土地限制，在随后几年中，我国非粮燃料乙醇项目建设基本处于停滞状态。2013 年燃料乙醇总产量为 210 万 t（见图 8）。

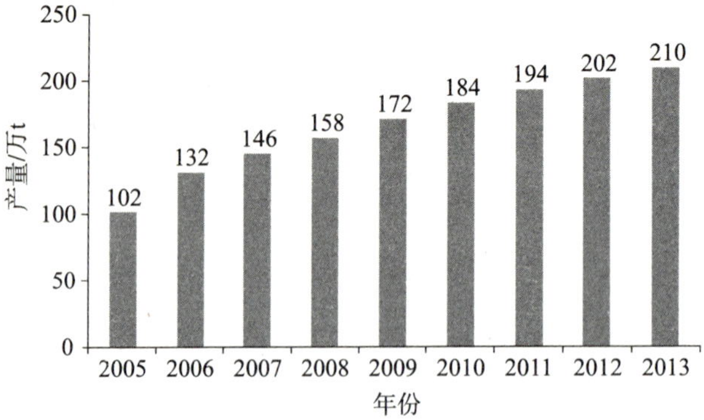

图 8　2005—2013 年全国燃料乙醇产量

数据来源：国家发改委能源所资料。

7.2.2　燃料乙醇市场状况

我国燃料乙醇生产销售是按照“定点生产、定向流通、封闭运行”的原则开展，为此国家划分了 10 个省区作为强制推广乙醇汽油的基地，包括黑龙江省、吉林省、辽宁省、河北省、山东省、安徽省、河南省、江苏省、湖北省、广西壮族自治区等省区。经过几年的试点和区域封闭推广使用，试点地区乙醇汽油市场平均覆盖率达 90% 以上，乙醇汽油的消费量占全国汽油消费量的 20% 以上。乙醇汽油已经形成了从生产、混配、储运及销售的完整产业体系。6 家定点销售企业如表 8 所示。

表 8　我国燃料乙醇的定点企业

生产企业	生产地点	主要原料	供应地区
中粮生化能源（肇东）有限公司	黑龙江（肇东）	玉米	黑龙江
吉林燃料乙醇有限责任公司	吉林（吉林）	玉米	吉林
			辽宁
河南天冠企业集团有限公司	河南（南阳）	小麦	河南
			湖北（9 个城市）
			河北（4 个城市）

生产企业	生产地点	主要原料	供应地区
中粮生物化学（安徽）股份有限公司	安徽（蚌埠）	玉米	安徽
			山东（7个城市）
			江苏（5个城市）
			河北（2个城市）
广西中粮生物质能源有限公司	广西（北海）	木薯	广西
山东龙力生物科技股份有限公司	山东（德州）	玉米芯、玉米秸秆	山东
中兴能源有限公司	内蒙古（巴彦淖尔）	甜高粱	内蒙古

资料来源：能源所调研资料。

7.2.3 研发试点示范

在国家鼓励发展非粮生物液体燃料的政策指导下，国内一批具有第一代燃料乙醇生产基础的企业和相关研究机构都在积极探索先进生物燃料技术（主要是纤维素乙醇）。国内较早开展纤维素乙醇研究的企业，从联合国内高校进行实验室研究，逐步发展到600t/a的中试项目，5 000t/a产业化示范生产线已建成投产。同时，我国东北地区也有数个百吨和千吨级纤维素乙醇中试项目，并已开始筹备建设万吨级的商业化示范项目。

2012年，我国非粮燃料乙醇技术取得了新突破，两个万吨级项目通过了国家批复。一个是山东省以玉米芯为原料年产5万t纤维素乙醇的示范项目。该项目“利用玉米芯加工残渣发酵生产纤维素酒精的方法”实现了纤维素乙醇大规模工业化生产。另一个是内蒙古以甜高粱为原料，年产3万t的非粮燃料乙醇项目。该项目可将甜高粱中的糖分和甜高粱茎秆都转化为乙醇，使原料得到充分利用。上述两个非粮燃料乙醇示范项目在生产工艺、设备研发设计和应用方面均取得了开创性进展，为我国第二代生物液体燃料的规模化推广奠定了基础。

此外，我国自主研发的航空生物燃料在航运试飞中取得新进展，生物液体燃料研发创新呈现出良好发展态势。2013 年 4 月 24 日，东方航空的 A320 型客机使用我国自主研发的航空生物燃料试飞成功，我国成为继美、法、芬后第 4 个能自主生产航空生物燃料的国家。此次试飞也标志着由东航与中石化、中航油共同合作推动的生物航煤项目进入最终评审阶段，经民航局评估并取得适航证后，将正式投入航班商务运行。目前，我国的生物航煤研发示范应用基本保持着与世界发达国家同步水平。

7.2.4 政策实施效果

2006 年以来，燃料乙醇产业的投资额已超过百亿元，资金主要集中在以粮食为原料的燃料乙醇项目的新建和原有项目的产能扩大改造上。非粮乙醇项目由于受到资源量、原料价格以及环保要求等条件限制，迟迟没有新进展。随着国际粮价攀升，以粮食为原料的燃料乙醇生产企业承受着巨大压力。为避免“与人争粮，与粮争地”，在国家政策的正确指导和有力推动下，“十二五”期间我国将积极推广非粮生物液体燃料产业发展。在燃料乙醇产业现有规模基础上，将大力推进木薯、甜高粱乙醇项目的建设步伐，加强纤维素乙醇等先进生物液体燃料的研发和示范。

近 10 年来，国家出台了鼓励生物液体燃料生产和车用乙醇汽油试点的一系列政策，主要包括生产税收优惠和补贴、政府指导销售价格和原料生产基地补贴政策。上述激励政策保障了燃料乙醇产业的稳步发展。近年来，燃料乙醇产量仍保持逐年递增的主要原因是原有粮食乙醇生产企业的产能扩建。为了有效控制粮食乙醇的生产规模，国家开始对燃料乙醇的定额补贴逐步下调，现已经由 1 500~2 500 元 /t 降至 500 元 /t。同时，财税政策优惠也将逐步取消，根据燃料乙醇产业发展情况及时调整相关激励政策，有效控制了燃料乙醇产业发展趋势，对引导产业向非粮乙醇方向发展起到了积极作用，保障了燃料乙醇产业的健康可持续发展。

2013 年，燃料乙醇项目审批权下放，非粮燃料乙醇项目的审批程序逐步简化、审批效率进一步提高，如国投广东中能年产 15 万 t 木薯燃料乙醇项目、浙江舟山年产 30 万 t 生物木薯燃料乙醇项目获得地方政府批复，正在筹备建设中。近期我国将主要以木薯燃料乙醇项目建设为主。

同时，在非粮生物液体燃料产业政策引领下，燃料乙醇产业启动了非粮化改造升级。2013 年，大型燃料乙醇企业计划将传统粮食乙醇生产工艺向使用非粮原料的木薯乙醇生产工艺改造，中粮生化将 13.5 万 t/a 玉米燃料乙醇生产装置优化改造升级为木薯乙醇生产装置，这一创新为我国粮食乙醇项目向非粮乙醇项目转型发展提供了新思路。

2013 年 4 月 24 日，东方航空的 A320 型客机使用我国自主研发的航空生物燃料试飞成功，我国成为继美、法、芬后第 4 个能自主生产航空生物燃料的国家。此次试飞也标志着由东航与中石化、中航油共同合作推动的生物航煤项目进入最终评审阶段，经民航局评估并取得适航证后，将正式投入航班商务运行。目前，我国的生物航煤研发示范应用基本保持与世界发达国家同步水平。

7.3 存在的问题

7.3.1 原料资源基础仍然薄弱

可利用边际土地资源潜力不清，缺乏对可利用土地资源科学评价与规划，尚未对农林废弃物资源的可利用量进行科学测算，因此难以根据资源量对燃料乙醇发展布局做出科学规划。优良种质资源选育、能源植物的选育栽培等原料基础培育技术有待提高。规模化种植经营模式尚未形成，农林废弃物等原料收集体系有待规范和完善。生物液体燃料的原料成本不稳定，能源作物价格易受自然环境变化的影响，同时，还存在与生物质发电、成型燃料和造纸等行业的原料竞争，将受到原料收集区域、收集距离等多重因素的影响。

7.3.2 产业技术自主开发水平落后

国内生物燃料技术工艺水平较为落后，其主要原因在于自动化程度较低，生产能耗和水耗是国外同类规模项目的数倍。专项研发经费分配较为分散，研发与产业实际脱节严重，未能形成良性互动机制。此外，装备的生产制造与国际先进水平存在较大差距，诸如仪表监测准确度差、换热和搅拌装置的效率低、稳定性差等，目前国内大型项目主要靠引进技术。国内相关科研成果转化率低，缺乏先进生物液体燃料技术的核心竞争力。先进生物燃料的生产技术仍处于研发和商业化探索阶段，距离全面实现与化石燃料竞争的商业化推广还有差距。

7.3.3 产品市场尚未完善

燃料乙醇产品市场仍不成熟，消费者对燃料乙醇认可度不高。尽管在某些省份和区域封闭销售，但仅靠政策强制推动，市场销售效果并不理想。由于消费者缺乏使用燃料乙醇的积极性，广西等省区已经出现燃料乙醇停销滞销等现象。此外，现有燃料乙醇行业监管较为薄弱，产品质量参差不齐，缺乏相应的产品标准和监管，同时也缺乏检验产品的相关标准和检测机构。

7.4 发展趋势

7.4.1 1.5 代燃料乙醇技术将适度推广

利用木薯、甜高粱等种植类作物为原料的 1.5 代燃料乙醇技术在近中期将作为我国燃料乙醇发展的过渡型技术得到适度推广。以粮食为原料的第一代燃料乙醇技术需要占用大量耕地、威胁国家粮食安全，不适于我国“人多地少”的国情，仅考虑在现有技术水平下提升生产效率，随着先进生物液体燃料技术成熟度的不断提高，该类技术将逐步被取代。以纤维素为原料的第二代燃料乙醇技术不存在与民争粮的问题，也有一定的资源基础，虽然目前还不具备大规模生产的技术经济条件，但未来发展前景仍被普遍看好。因此，以甜高粱、木薯等低质糖类或淀粉类作物为原料的1.5代燃料乙醇技术更适于我国现阶段推广。

另一方面，我国现有土地资源条件和耕地情况决定了无法效仿美国和巴西利用广阔的耕地来种植生物液体燃料原料，况且我国拥有的能源植物种植潜力的边际土地资源有限，因此，依靠木薯、甜高粱等非粮作物生产燃料乙醇，仍会受到种植土地的限制，难以形成规模化、可持续的原料供给链，也难以保障未来生物液体燃料的大规模生产。尽管木薯等原料不是主要的粮食作物，但其在工业、医药和养殖等领域广泛应用，若大范围地利用其制取生物液体燃料，势必产生竞争，难以保证原料供应。因此，将以此类原料作为生物液体燃料发展过程中的过渡型生产技术较为符合国情和发展现状。

7.4.2 第二代生物液体燃料仍以研发和示范为主

以农林废弃物为主的纤维质原料可作为我国未来生物液体燃料持续开发利用的主要来源，是未来大规模发展的主要方向。目前，我国第二代燃料乙醇以研发和示范为主，技术经济性有待进一步提升，示范项目进展较为缓慢，仍需要国家加大支持力度。一方面，我国生物质资源丰富，大量的农林剩余物绝大部分为纤维质结构，能够支撑燃料乙醇规模化生产；另一方面，木制品加工、药厂等企业也有可观的纤维质资源可利用；此外，纤维质原料的最大优势是，其主要来自各领域的废弃物，不会占用宝贵的土地资源。因此，充分利用农林废弃物资源，除了作为生物液体燃料的原料外，还使废弃资源得到有效利用，可同时获得社会效益、环境效益和经济效益。以纤维质农林废弃物等资源生产生物液体燃料，符合国家倡导的生物质资源“综合利用、吃干榨尽”的思路，加强第二代液体燃料技术的经济性，未来发展前景将十分广阔。

7.4.3 热解技术制取生物液体燃料的工艺路线更适合国情

热解技术制取生物液体燃料的工艺主要有两大类：一是首先将生物质原料在缺氧的环境中气化，获得分子量较小的气体，主要是一氧化碳、二氧化碳、氢气、氮气等，气体经过净化、分离，采用催化合成工艺，合成乙醇；二是将生物质原料在隔绝氧气的环境中加热（干馏），通过干馏，将生物质分解为气体（燃气）、液体（焦油）和固体（生物炭）三类物质，控制干馏参数尽可能增加焦油的得率，生物焦油通过脱酸、酯化和重整工艺，可制取生物柴油。

在我国生物质热解技术制取生物液体燃料的工艺路线更适合国情。与生化法比较，热解技术具有以下优势：

（1）采用热解技术可使原料中的绝大部分碳氢元素转化为液体燃料，而生化法（纤维素乙醇）的碳氢转化率在 30 以下。我国生物质能原料以废弃物和剩余物为主，原料的减量化是重要的考虑因素，热解法的减量化程度远高于生化法。

（2）热解技术易于工厂化生产。生化法的生产控制实际上是控制微生物的生活环境，属于间接控制，而热解技术则是直接控制反应过程，因此生产效率高，易于实现自动化和规模化生产。

（3）我国的煤化工的技术基础较好。生物质热解技术的基础是煤化工技术，而目前我国煤化工行业无论在工艺技术、装备制造、运行经验和人才储备等方面均有较好的基础，可以为发展生物质热解法制取液体燃料提供有力的支持。